W0375493

Scrittori italiani e stranieri

Paola Capriolo

QUALCOSA NELLA NOTTE

Storia di Gilgamesh, signore di Uruk,
e dell'uomo selvatico cresciuto tra le gazzelle

MONDADORI

http://www.librimondadori.it

ISBN 88-04-52039-6

© 2003 Arnoldo Mondadori Editore S.p.A., Milano
I edizione settembre 2003

Qualcosa nella notte

Parte prima

I

Un'arida distesa di sabbia, che il vento solleva plasmando capricciosamente colline effimere. Dappertutto, fin dove può arrivare lo sguardo, non si scorge neppure un filo d'erba, e solo da alcuni alvei prosciugati si indovinano a tratti gli antichi canali.

Dalla sabbia che ricopre ogni cosa affiorano qua e là, come relitti di un naufragio, resti di mura corrose dal tempo, ora isolati, ora disposti a rettangoli concentrici, diroccati labirinti dove si smarriscono i rari animali selvatici. Volpi e sciacalli frugano con il muso tra i mattoni d'argilla, se mai qualcosa di vivo si annidasse nelle commessure, ma non trovano altro che polvere, e una bianca sostanza cristallina che lascia sulla lingua il sapore del sale.

Poco lontano sorge una tozza collina di mattoni che si distingue appena da quelle create dal vento: è più larga alla base, più stretta alla sommità, e le sue pareti, simili a giganteschi gradini, si innalzano a fatica verso un cielo irraggiungibile.

Quando la tempesta si leva, volpi e sciacalli corrono a rifugiarsi nelle tane, turbini di sabbia avvolgono le rovine confondendole nel loro abbraccio; e quando la tempesta si placa non rimane più nulla, solo quella distesa polverosa che si estende a perdita d'occhio, un oceano immoto, uniforme, dove affondano le opere degli uomini.

II

Appena il suo padrone aprì gli occhi lo schiavo si affrettò a raggiungerlo. Non era la prima volta che lo vedeva destarsi così, di soprassalto, fuggendo dal sonno come si fugge dinanzi a un'insidia mortale, e non era la prima volta che in quelle pupille offuscate, ancora prive di sguardo, leggeva un terrore tanto acuto da far rabbrividire anche lui, quasi per contagio.

Lo schiavo gli si accostò e mormorò il suo nome, ripetutamente, assaporandone il suono sulle labbra. Poiché era davvero un gran nome, quello di Gilgamesh: il nome di un re che poteva considerarsi secondo soltanto agli dèi e vantava egli stesso origini divine, come i sacerdoti avevano rivelato sin dal giorno della sua nascita e gli abitanti di Uruk non tralasciavano di ripetere a ogni forestiero che chiedesse loro di illustrargli le meraviglie della città. Lo schiavo non aveva mai tentato di figurarsi davvero cosa volesse dire portare il nome di Gilgamesh, possedere un tale destino; né la sua immaginazione né la sua invidia sapevano mirare così in alto, e formule quali "signore di Uruk", "sovrintendente della dea Inanna", "eroe per due terzi dio e per un terzo uomo", assumevano ai suoi occhi un significato insieme concreto e inafferrabile, proprio come quegli idoli di pietra custoditi nel tempio dinanzi ai quali si possono giungere le mani per anni senza indovinare nulla del mistero che li abita.

Che poi quest'uomo divino, questo re senza rivali cui erano toccati il nome e la sorte di Gilgamesh, quasi ogni giorno si strappasse al sonno tremando e fissasse il vuoto con aria atterrita, lo colmava dello stesso sconcerto che l'avrebbe assalito se avesse visto vacillare le mura possenti della città. Perciò anche oggi si adoperò in tutti i modi per calmarlo, si sforzò di attirare su di sé quello sguardo ancora accecato dai sogni, e quando infine vi riuscì ascoltò in rispettoso silenzio le parole che il re pronunciava sempre al risveglio, come parlando a se stesso.

«Qualcosa nella notte è venuto a me, e non ne conosco il senso» disse Gilgamesh levandosi dal letto con un moto impaziente, e subito lo schiavo gli cinse i fianchi della lunga gonna di lana, gli avvolse intorno al capo la benda regale, sperando che quegli indumenti potessero contribuire a restituirgli una serena coscienza di sé.

Stava ancora affaccendandosi intorno alla sua persona, quando il re lo respinse con un gesto e a grandi passi si diresse verso la porta. Preoccupato lo schiavo lo seguì, tenendosi a una certa distanza per non essere scacciato e reggendo sul braccio il mantello del padrone. Lo seguì attraverso i cortili della reggia, dove i servi che già di primo mattino vi attendevano alle loro mansioni si ritrassero con umiltà al passaggio di quell'alta figura annuvolata; lo seguì per la scala che conduceva sulla terrazza e quando lo vide affacciarsi al parapetto si fermò a sua volta, rimanendo a osservarlo in disparte.

Qualunque fosse la causa della sua inquietudine, il re aveva scelto il giusto rimedio: così pensò lo schiavo nel posare anch'egli lo sguardo dove lo posava il padrone, sul sinuoso labirinto d'argilla della città, salda come una montagna, brulicante come un alveare, accucciata ai piedi del sovrano come un leoncino domato. Sì, c'era davvero di che rallegrarsi vedendo fervere laggiù una simile vita, vedendo i giardini dove i signori passeggiavano in vesti sontuose, vedendo merci di ogni genere traboccare sulla strada dagli usci aperti delle botteghe, seguendo con gli occhi le lunghe carovane di asini che andavano a deporre il peso delle loro some davanti ai magazzini già ricolmi, spiando nei cortili l'opera degli artefici che con mani sapienti trasformavano l'argento e l'oro, il legno e la pietra, tutti quei rari e preziosi materiali affluiti a Uruk dalle regioni più remote. E se imitando Gilgamesh lo schiavo levava lo sguardo verso l'alto poteva scorgere la mole della torre, sulla cui cima gli uomini incontrano gli dèi; e se lo spingeva più lontano, verso la campagna, allora la soddisfazione giungeva al culmine, poiché laggiù i campi verdeggiavano, irrigati dal fitto reticolo di canali che ripartiva saggiamente l'acqua limacciosa del fiume, e le palme svettavano cariche di datteri, e capre e pecore pascolavano a migliaia, e bastava conoscere un poco le cose di questo mondo per sapere che nella terra umida e pingue i semi del grano stavano maturando per offrire ai cittadini il più copioso dei raccolti.

Quella vista lo entusiasmò a tal punto, che lo schiavo trovò il coraggio di accostarsi al re.

«Vedi, signore» disse dopo avergli messo il mantello sulle spalle e averlo drappeggiato con cura intorno alla sua persona, «queste forti mura di mattoni che tu stesso innalzasti su fondamenta antichissime? Di ciò che racchiudono, un terzo sono case, un terzo è giardino, un terzo è il recinto sacro con la reggia e il tempio della dea Inanna, e tutto questo è Uruk, la tua città. E anche quei campi e quei pascoli sono Uruk, e l'acqua del fiume e dei canali, e tutto ciò che cresce sulla terra e sotto la terra.»

«Sì, lo vedo» rispose Gilgamesh stringendosi nel mantello. «Queste mura esposte ai venti, questa striscia di terra assediata dal deserto: questa è Uruk, la mia città.»

Perché guardare il deserto? stava per ribattere lo schiavo, ma si trattenne. I gusti dei re non si discutono, lo sapeva bene; anzi, per obbedienza spinse anch'egli lo sguardo in quelle desolate lontananze dove la vita si spegneva sotto i raggi ardenti del sole. Subito però se ne distolse, oppresso dalla malinconia, e come in cerca di conforto tornò a osservare le botteghe, i giardini, i vicoli brulicanti.

«Vieni, rientriamo» disse il re adagio, quasi con dolcezza, posando una mano sul braccio del suo schiavo. Stupito, questi si riscosse e seguì Gilgamesh giù per la scalinata.

III

Al calar del sole, quando gli ultimi raggi tingevano di sangue le acque del fiume e il vento faceva rabbrividire i canneti, un cacciatore si aggirava per la campagna visitando ad una ad una le trappole che aveva disposto al mattino. Le trovò divelte, come gli accadeva ormai da giorni. Le buche erano state colmate, le reti pendevano a brandelli dai rami, e non restava più traccia delle esche allettanti che egli aveva sistemato con astuzia per catturare la selvaggina. Scuro in volto, il cacciatore vagava dall'una all'altra domandandosi chi mai gli contendesse la preda, se un dio in vena di tiri maligni, un rivale ingelosito dal fumo che ogni sera si levava odoroso dal focolare della sua capanna, oppure un animale che avesse misteriosamente appreso a emulare la scaltrezza degli uomini.

Recitando a mezza voce le più temibili maledizioni all'indirizzo di quel nemico sconosciuto, sistemò nelle trappole le nuove esche che aveva portato con sé, tornò a scavare le buche, raccolse le reti squarciate le cui maglie avrebbe ricucito con pazienza, come ogni notte, al chiarore avaro di una lucerna; poi fece per avviarsi alla capanna, ma nella quiete che si era ormai posata sulle colline udì all'improvviso un rumore provenire da un vicino stagno, una sorta di sciabordio, che al suo orecchio esperto indicava senza ombra di dubbio la presenza di un branco all'abbeverata.

Adagio, scostando cautamente le canne con le mani, il cacciatore si diresse verso lo stagno. Lo sciabordio continuava, segno che il branco non si era allontanato, e il cacciatore, prima così loquace nello scagliare maledizioni, manteneva adesso un silenzio assorto, teso come la corda di un arco pronto a scoccare la sua freccia.

E quando infine scostò le ultime canne che gli facevano schermo, vide davanti a sé lo stagno ardere cupo nella luce del tramonto, e tutt'intorno allo stagno la preda più ambita: un branco di gazzelle dai grandi occhi bruni, dalle lunghe corna arcuate, che curvandosi sulle zampe immergevano il muso nell'acqua. Non vide altro, dapprima; perciò avanzò fiducioso, la mano stretta sul pugnale.

Poiché ormai procedeva allo scoperto qualcuna delle gazzelle si accorse di lui, sollevò il capo, lo fissò in volto con i grandi occhi bruni; eppure nessuna fuggì. Rimanevano immobili sulla riva come se non avessero da temere alcun pericolo, e mentre ne sentiva su di sé il lungo sguardo imperturbato al cacciatore tornò in mente quanto aveva udito narrare circa l'isola del paradiso, dove non esiste ferita né morte, dove il leone non uccide e il lupo non divora l'agnello.

Quasi senza volerlo, staccò la mano dal pugnale. Nella luce radente i canneti che si addensavano intorno allo stagno proiettavano già vaste chiazze d'ombra, ma anche nell'ombra il cacciatore distingueva il luccichio di quegli occhi e gliene veniva una strana tristezza, una strana scontentezza di sé. A far preda, pensò, c'è sempre tempo, le gazzelle non mostrano la minima intenzione di fuggire, e se intanto io posassi la mia arma, se mi chinassi a bere con loro...

Esitava ancora sulla riva, quando da una di quelle ombre scintillanti di sguardi vide emergere una figura che non era di gazzella, e neppure di un qualsiasi animale a lui noto. Si staccò dall'ombra e venne verso il cacciatore che attendeva, le membra paralizzate, il cuore agghiacciato dallo sgomento. La creatura aveva occhi bruni e grandi, proprio come quelli delle gazzelle, e grande era il suo corpo, interamente coperto di un corto pelame arruffato; ma il cacciatore osservò che camminava eretta alla maniera degli uomini, e osservò che una lunga chioma le ricadeva sulle spalle ondeggiando come il grano.

Era davvero il volto di un uomo quello che adesso gli si parò dinanzi, a pochi palmi dal suo: un volto che gliene ricordava confusamente un altro, intravisto chissà dove. Il cacciatore però era troppo turbato per poter afferrare quel ricordo che solo per un attimo gli balenò alla memoria, vago e nebbioso come l'immagine di un sogno.

Rimasero così, a guardarsi fisso, mentre le gazzelle componevano un cerchio immobile intorno allo stagno e il sole calava oltre i canneti, dietro la bassa linea dell'orizzonte. Il cacciatore avrebbe voluto parlare, non tanto per dire qualcosa, quanto per rassicurarsi, perché avrebbe provato un immenso sollievo se l'altro gli avesse risposto con parole umane. Ma la lingua non gli obbediva, condivideva con tutte le parti del suo corpo la greve, pietrificata inerzia che si era impadronita di lui fin dal primo apparire di quella figura.

Persino quando sentì la mano dello sconosciuto posarglisi su un fianco non riuscì a dir nulla, neppure a gridare. Poi la mano si scostò ed egli vide che stringeva il suo pugnale, sollevandolo lentamente. Sono perduto, pensò il cacciatore, e le ginocchia gli si piegarono; ma lo sconosciuto scagliò con forza il pugnale nell'acqua, quindi tornò verso il branco.

Se ne andarono insieme, l'uomo e le gazzelle, senza più volgersi verso il cacciatore, scomparvero tra le canne che si aprivano frusciando al loro passaggio. Ancora con le ginocchia a terra, incapace di rialzarsi, il cacciatore seguì a lungo con lo sguardo quella figura di cui poteva scorgere solo la nera chioma ondeggiante, sempre più lontana, finché ne smarrì le tracce nella penombra della sera.

IV

Nei giorni seguenti il cacciatore si imbatté ancora più volte in quel bizzarro personaggio, che aveva sembianze d'uomo e condivideva la vita degli animali. Lo vedeva correre per le colline circondato dalle gazzelle, chinarsi con loro a brucare l'erba dei pascoli, dormire accanto a loro il sonno vigile delle prede, pronto a interrompersi bruscamente al minimo rumore. Ma più dello sconosciuto, era il cacciatore a mantenere le distanze: ripensava con angoscia all'incontro presso lo stagno, quando si erano guardati dritto negli occhi, e al semplice ricordo di quegli istanti sentiva ancora le membra paralizzarsi, il cuore mutarsi in ghiaccio.

Ormai si risparmiava la fatica di disporre le trappole, certo com'era che l'uomo selvatico gliele avrebbe nuovamente distrutte. Solo di rado riusciva a catturare un po' di selvaggina minuta, e di rado si levava dalla sua capanna quel fumo odoroso che un tempo aveva suscitato ogni sera l'invidia dei vicini. Cupo e affamato, sedeva davanti alla porta affilando le sue inutili armi, spingendo lo sguardo verso i canneti dove gli sembrava di veder muoversi la grande figura dello sconosciuto, mentre un rancore disperato gli cresceva nell'animo, giorno dopo giorno.

Che fare? si domandava. Di affrontare quell'uomo

spaventoso non aveva certo il coraggio, ma neppure poteva rinunciare per sempre al suo territorio di caccia. A lungo andò meditando le diverse soluzioni che la mente gli suggeriva, e ad una ad una le scartò, finché non gli venne l'idea di recarsi in città a invocare l'aiuto del sovrano. Dopo tutto, quella campagna non era forse Uruk? E non era Uruk la sua capanna dal focolare spento, e ognuna delle sue trappole divelte, e lui stesso, che gli esattori del re visitavano con implacabile regolarità per riscuotere i tributi? Ma se così stavano le cose, il re aveva l'obbligo di difenderlo: non per nulla amava proclamarsi pastore della sua terra e della sua gente, e quale pastore lascerebbe senza protezione una pecora, fosse pure la più modesta di tutto il gregge, quando un lupo feroce ne minaccia la sicurezza?

Il mattino dopo, di buon'ora, si avviò dunque alla volta della città. Varcò le mura poderose che Gilgamesh aveva innalzato su fondamenta antichissime, e si inoltrò nel labirinto delle strade; varcò la soglia della reggia, vigilata da due leoni di pietra che calavano su di lui uno sguardo altezzoso, e poi altre soglie, in un numero che gli sembrò infinito, su ciascuna delle quali gli si paravano incontro guardie armate intimandogli di ripetere il suo nome e la ragione della sua visita; e quando infine fu ammesso al cospetto del sovrano, nella sala riservata alle udienze, sentì che le ginocchia gli si piegavano come allora dinanzi allo sconosciuto.

Sino a quel giorno aveva potuto vedere Gilgamesh solo di rado, nel lontano, abbagliante splendore di qualche cerimonia, serbandone un ricordo vago e nebbioso, simile all'immagine di un sogno; e anche ora, mentre attendeva a capo chino giungendo le mani al petto in segno di reverenza, non scorgeva altro che l'orlo prezioso della veste e la punta di un piede calzato di un sandalo. Quando però il re gli rivolse la parola, egli sollevò il capo e prima di esporgli la sua richiesta volle guardarlo in viso, spinto non tanto dalla curiosità, quanto dal desiderio di scoprire se apparisse lieto o corrucciato, se promettesse luce o tenebra a quanti lo supplicavano.

Vide allora una fronte cinta di un'alta benda sotto la quale le palpebre stavano socchiuse, come gravate di stanchezza; vide una ricca barba inanellata che ricadeva a raggiera sul petto lasciando trasparire tra ciocca e ciocca il luccichio dell'oro e del lapislazzuli; ma quel che vide poi, quando osservò più attentamente il volto del sovrano, fu tale da strappargli suo malgrado un'esclamazione di stupore.

Adesso anche il re lo guardò, aggrottando appena le sopracciglia, e gli fece segno che poteva parlare.

«Signore» esordì il supplice con voce incerta, «da qualche tempo ha preso a funestare la tua campagna un uomo di tale aspetto, che fino a questo momento l'avrei detto dissimile da ogni altro. È grande come un dio, è forte come una stella del cielo, e vaga sulle colline con le bestie selvatiche nutrendosi d'erba, scendendo ai pozzi per abbeverarsi. Quell'uomo, signore, divelle le mie trappole, aiuta le mie prede a sfuggirmi tra le mani, ma io non oso avvicinarlo, perché alla sua vista il cuore mi si agghiaccia e le membra si mutano in pietra.»

Gilgamesh lo ascoltava distratto. «Un uomo selvatico, dunque? Compagno e alleato degli animali? Capisco, buon uomo, che la sua vista abbia potuto sgomentarti, e giustamente lo reputi dissimile da ogni altro. Non capisco invece per quale motivo tu abbia aggiunto: "fino a questo momento". Hai forse incontrato qualcuno che gli somiglia, entro le mura o all'interno della reggia?»

Il cacciatore esitò, ma poiché Gilgamesh insisteva

finì col rispondere: «Entro le mura, signore, e proprio all'interno della reggia, ho visto qualcuno che gli somiglia come il fratello somiglia al fratello, anzi, come un uomo somiglia alla sua immagine riflessa. Certo, la foggia della barba è assai diversa, lo sconosciuto ha la chioma lunga e ondeggiante di una donna e non porta bende ad avvolgergli la fronte...».

«Che stai dicendo?» lo interruppe il re bruscamente.

«Signore, non dirò più nulla, se le mie parole ti dispiacciono.»

Ora il re aveva mutato espressione, si era fatto assorto, pensieroso, e lentamente sollevò una mano per sfiorarsi il volto. «Come il fratello al fratello, hai detto? Come un uomo alla propria immagine riflessa? Eppure, dovresti saperlo, nessuno somiglia a Gilgamesh: nessuno ne possiede il nome e il destino, e nessuno condivide il peso dei suoi sogni.»

Il cacciatore taceva confuso, temendo di aver attirato su di sé la collera del sovrano. Poi però si fece coraggio. «Signore, io non sono venuto a parlarti di questa somiglianza, che finora ignoravo o di cui avevo appena un presentimento: sono venuto a chiederti aiuto e consiglio, perché il mio focolare è freddo, la pentola vuota, e le mie armi giacciono abbandonate nella capanna.»

Ma Gilgamesh non lo ascoltava. «E chi dei due sarebbe l'uomo? Chi l'immagine riflessa?»

«Signore, forse la vista mi ha ingannato. Come si può paragonare la superba figura di un re a quella di un essere irsuto, ignaro delle abitudini umane, che vaga tra le gazzelle e bruca con loro l'erba dei pascoli? Ma quell'uomo che ti somiglia così poco sarà la mia rovina, se tu non mi vieni in soccorso.»

«Che dovrei fare? Misurarmi con lui?»

«Signore, non ti chiedo tanto. Ma poiché sei il più sapiente tra i sovrani, devi pur conoscere uno stratagemma che mi aiuti ad aver ragione di quel selvaggio, a piegare la sua forza.»

Il re rifletté a lungo. «Sì» rispose infine, «uno stratagemma lo conosco. So di dove proviene la sua forza, e come si può sottrargliela. Tu certamente non ne saresti in grado, e forse nemmeno io, ma ti farò condurre da qualcuno che possiede questo potere.»

Con un cenno Gilgamesh chiamò a sé una delle guardie e le disse qualcosa a bassa voce; poi, con un altro cenno, congedò il cacciatore che lasciò la sala accompagnato dalla guardia.

V

Al calar della sera, quando gli ultimi raggi tingevano di sangue le acque dello stagno e tutt'intorno il vento faceva rabbrividire i canneti, due figure non meno tremanti, un uomo e una donna, giunsero insieme sulla riva. L'uomo portava un pugnale alla cintura, la donna indossava la morbida veste di porpora di chi serve nel tempio dell'amore, ed era lei a tremare di più e a scrutare più ansiosamente la penombra con gli occhi spalancati.

Il cacciatore la lasciò seduta su un masso, a breve distanza dall'acqua che ne rifletteva le forme piene e il volto spaurito; poi si nascose tra le canne e la prostituta restò sola ad attendere. Attese finché il sole tramontò all'orizzonte, con angoscia vide svanire l'ultimo chiarore e le tenebre addensarsi cupe intorno a lei. Ma il dio luna navigava nel cielo sulla sua barca d'argento, consentendole di distinguere le scure sagome dei canneti e l'acqua vibrante di riflessi, simile a uno specchio retto da mani incerte.

Nel silenzio che la circondava, già da lontano udì arrivare il branco. Allora si volse verso il punto dove il cacciatore era scomparso, e lo cercò invano tra quelle canne che si levavano compatte come un muro senza lasciar scorgere anima viva.

La prostituta si costrinse a restare immobile mentre il branco si avvicinava. Vide le gazzelle avanzare a passo lento verso lo stagno, e tra le gazzelle vide una figura più alta nella quale poté ravvisare a stento sembianze umane. Aveva il petto irsuto, e una chioma lunga e ondeggiante, e membra forti come di toro selvaggio, ma nello sguardo di quell'uomo, quando si posò su di lei, non si coglieva alcuna traccia di brutalità: solo uno stupore profondo che lo indusse a fermarsi di colpo, imitato da tutto il branco.

Si fissarono a lungo, da una riva all'altra; poi, lentamente, la prostituta si scoprì il seno, mentre l'uomo selvatico la osservava al colmo della meraviglia. Lentamente la donna si alzò, lentamente sciolse la cintura e fece scivolare a terra la veste, e rimase così, nuda e immobile, senza trovare la forza di sollevare un braccio per rivolgere allo sconosciuto un cenno d'invito.

Dal suo rifugio tra le canne, il cacciatore li spiava. Vide lo sconosciuto girare intorno allo stagno, con cautela, proprio come faceva lui quando voleva avvicinarsi a una preda senza spaventarla. Ma la donna non fuggì, neppure quando se lo trovò di fronte, gli occhi negli occhi, il viso a un palmo dal suo: rimase immobile mentre l'uomo selvatico le posava le mani sulle spalle, sul seno florido, sulla lieve curva del ventre, tastandola con timida curiosità, quasi tentasse di scoprire al tatto che specie di animale fosse mai quello, se fosse feroce o mansueto, se dovesse temerlo o farglisi amico.

Anche le gazzelle, assiepate sull'altra riva, osservavano la scena trascurando di abbeverarsi, e così il cacciatore dal suo nascondiglio, e forse persino il dio luna dalla barca celeste chinava su di loro uno sguardo d'attesa. Ora la prostituta osò sfiorare a sua volta, con la punta delle dita, il petto villoso dell'uomo, e poiché non gliene venne alcun male si rinfrancò. Lanciò un'occhiata al gruppo di canne dietro il quale, lo sapeva, il cacciatore era appostato a spiarli, poi con un gesto risoluto prese per mano l'uomo selvatico e lo condusse con sé nella direzione opposta.

I due adesso erano spariti nell'ombra, né il cacciatore né le gazzelle potevano più scorgerli: udivano soltanto il frusciare delle canne, a tratti tenue e sommesso, a tratti fortissimo, come se le scotesse il più impetuoso dei venti.

Così trascorsero ore senza che la coppia riemergesse dall'ombra. Spazientito, le palpebre grevi di sonno, il cacciatore si domandava perché mai la prostituta fosse stata colta da quell'incongruo accesso di pudore che l'aveva spinta a nascondersi tra i canneti proprio quando lo spettacolo cominciava a farsi avvincente. Ma ben presto il torpore soffocò del tutto le sue recriminazioni ed egli si sdraiò cercando una posizione comoda per dormire, mentre le gazzelle bevevano inquiete l'acqua dello stagno e la barca celeste si allontanava a poco a poco portando altrove il suo chiarore d'argento.

Ora anche i due dormivano tra le canne, stretti l'uno all'altra per proteggersi dal buio. E quando il sole si affacciò all'orizzonte e l'uomo aprì gli occhi, si stupì di vedere accanto a sé invece delle gazzelle quella strana creatura dal corpo glabro, dalla pelle tenera e liscia come una foglia appena nata. Poi però rammentò tutto, e rise di contentezza. A quel riso anche la donna aprì gli occhi, ma appena incontrò lo sguardo dell'uomo li distolse confusa rifugiandosi dietro lo schermo delle ciglia. Gli parlò, in compenso, provò a rivolgergli quelle frasi lusinghiere che un amante si aspetta al risveglio e che la sua lunga esperienza le aveva insegnato, e quasi si illuse di pronunciarle per la prima volta, tanto le apparivano calzanti.

Ma lui continuava a guardarla muto, senza dare alcun segno di intendere le sue parole.

Infine si sciolse dall'abbraccio in cui la donna lo teneva avvinto e si alzò scrutando oltre le canne, verso la radura dove scintillava lo stagno e dove le gazzelle attendevano in branco.

Vedendolo avviarsi in quella direzione la prostituta lo seguì. A grandi passi l'uomo avanzava tra le canne, e quando giunse presso lo stagno e scorse sull'altra riva le sue gazzelle le chiamò con un verso lungo e dolce, che la donna non aveva mai udito da labbra umane. Ma le gazzelle non gli vennero incontro; si addossarono l'una all'altra e rimasero a fissarlo diffidenti dalla riva opposta. L'uomo si avvicinò ancora, costeggiando lo stagno, ma quelle balzarono via, scomparvero nel folto del canneto, e la prostituta rammentò le parole del cacciatore venuto a cercarla per consiglio di Gilgamesh: «Appena si accosterà a te, scopriti e giaci con lui, insegna all'uomo selvaggio la tua arte di donna, poiché quando ti mormorerà amore, gli animali che spartivano con lui la vita delle colline lo respingeranno».

Una volta, due volte lo sconosciuto ripeté il suo richiamo, sempre più simile a un lamento disperato. Poi si precipitò all'inseguimento del branco, corse tra le canne, ma le forze non gli bastarono: la debolezza lo vinceva, perché in lui si erano insinuati i pensieri di un uomo. E il cacciatore, che aveva ripreso a osservarlo di nascosto, ora si mise in cammino per far ritorno alla propria capanna rallegrandosi tra sé dello scampato pericolo.

La prostituta invece non si era allontanata. Aveva indossato di nuovo la veste di porpora abbandonata sulla riva la notte prima, e con un lembo si asciugava gli occhi. Quando l'uomo selvatico tornò verso di lei vide che anch'egli stava piangendo: doveva essere la prima volta, perché se ne mostrava sconcertato e assaggiava con la punta della lingua il gusto salmastro delle lacrime che gli scorrevano sulle guance.

«Vieni» disse la prostituta prendendolo di nuovo per mano, e lui la seguì docilmente verso le dimore degli uomini.

VI

Guidandolo per mano come un bambino, la prostituta condusse lo sconosciuto su sentieri tortuosi e angusti, dove spesso il piede affondava nel terreno acquitrinoso, sciami d'insetti li avvolgevano come nubi ronzanti e uccelli palustri dalle lunghe zampe sottili fuggivano levandosi in volo al loro passaggio. Così, dopo un arduo cammino, giunsero dove le canne si diradavano e si schiudeva un grande pascolo, punteggiato di capre e di pecore che brucavano assorte l'erba rigogliosa.

Quando scorse in lontananza le tende dei pastori la prostituta strappò un lembo della sua veste di porpora e lo legò intorno ai fianchi dell'uomo selvatico per nasconderne la nudità; lui ebbe un moto di ribellione ma poi la lasciò fare, e discendendo la china erbosa la seguì a passi riluttanti fino alle tende.

Subito i pastori fecero cerchio intorno alla coppia scrutando con atterrita meraviglia quella strana creatura che stava lì a capo chino mentre se la indicavano a vicenda tra esclamazioni e risate, e non rispondeva ai loro motteggi se non con il lamento rassegnato e sommesso di un animale in cattività.

La donna si allontanò per parlare con il più anziano dei pastori, e lo sconosciuto le rivolse uno sguardo colmo d'inquietudine. La vide sfilarsi dal polso un oggetto luccicante e porgerlo al vecchio, che dopo un attimo di esitazione allungò una mano per afferrarlo; poi, con grande sollievo, la vide tornare verso di lui. E di nuovo la prostituta lo prese per mano, di nuovo lo guidò come un bambino oltre il cerchio vociante dei pastori, fino a una tenda che sorgeva isolata ai margini dell'accampamento.

Quando la donna lo fece entrare nella tenda, dapprima lo sconosciuto si sgomentò per quel crepuscolo che lo avvolgeva improvviso, per quelle pareti che gli si stringevano intorno; ma delle risa, delle esclamazioni incredule, lì dentro giungeva soltanto una flebile eco, e l'ombra li proteggeva dagli sguardi.

In quella tenda isolata ai margini dell'accampamento che aveva comprato dal vecchio in cambio del suo bracciale la prostituta abitò a lungo con l'uomo selvatico, dormendogli al fianco sulla nuda terra, divezzandolo a poco a poco dalla vita animale e insegnandogli altri usi, altre abitudini.

«Mangia» gli disse il giorno stesso del loro arrivo ponendogli davanti un pane, mentre i pastori si accalcavano intorno alla tenda per assistere allo spettacolo: «questo è il sostegno del corpo»; e poiché egli guardava perplesso quel pane senza sapere come mangiarlo, la prostituta lo spezzò e glielo porse lentamente, boccone dopo boccone, sottraendo la mano se lui tentava di afferrarlo con i denti, e quando infine lo sconosciuto capì che doveva prenderlo con le dita sorrise soddisfatta senza più sottrarre la mano.

Così a poco a poco gli insegnò a gustare il cibo degli uomini, non solo il pane, ma anche le minestre d'orzo, il burro candido e il denso latte cremoso che comprava dai pastori spogliandosi l'uno dopo l'altro dei suoi gioielli, e ogni sera accostava alle sue labbra un bicchiere di birra dicendo: «Bevi: questo è il costume del paese», finché una sera egli si decise a berla, e rise di gioia e pianse di tristezza, e ne fu talmente inebriato da correre fuori della tenda levando alte grida che terrorizzarono tutti gli abitanti dei dintorni. Gli insegnò a tollerare il pezzo di stoffa che portava ai fianchi come una catena, senza più tentare di toglierlo o scrollarselo di dosso, a non fuggire nei prati cercando la compagnia di capre e pecore, a non indietreggiare spaventato alla vista del fuoco che i pastori accendevano sull'imbrunire e che mandava fino a loro i suoi bagliori scarlatti.

Tutto questo gli insegnava la prostituta e tutto questo egli si sforzava di imparare. Ma quando lei cercava di insegnargli la lingua degli uomini si rinchiudeva in un ostinato silenzio, e vani erano i tentativi di indurlo a imitare la sua maestra. Le parlava soltanto con lo sguardo, con i grandi occhi bruni così simili a quelli di una gazzella, oppure attraverso i gesti e i movimenti del corpo: ritraendosi per dire "no", chinando il mento sul petto per dire "sì", abbracciandole le ginocchia per dire "voglio" e stringendo i pugni per dire "attenta" quando il lieve giogo che lei gli aveva imposto gli riusciva a un tratto insopportabile. E giorno dopo giorno la donna finì con l'impratichirsi di questo scarno linguaggio, mentre lui seguitava a rifiutarsi di articolare il suo.

Così i due vissero a lungo nella tenda ai margini dell'accampamento, e lo sconosciuto cominciò ad acquistare una certa confidenza anche con i pastori. La prima volta che si avvicinò loro la sera, vincendo il suo timore del fuoco, le madri chiamarono a sé i bambini per prenderli in grembo, e le mani di tutti gli uomini corsero istintivamente ai bastoni; ma lo sconosciuto si limitò ad accoccolarsi in un angolo, e qui rimase: fissava affascinato il crepitio delle fiamme, ascoltava senza capirli i racconti dei vecchi, finché si addormentò, cullato dalle voci cantilenanti.

Da quella volta le madri non chiamarono più a sé i bambini vedendolo avvicinarsi, le mani degli uomini non corsero più ai bastoni, e tutti presero a considerare lo sconosciuto, se non come un uomo, almeno come un animale addomesticato. Ne ammiravano la forza prodigiosa, che non tralasciavano occasione di sfruttare a loro vantaggio, e l'ardimento nell'affrontare lupi e leoni proteggendo le greggi da ogni assalto. In cambio di tali servigi, continuarono a offrirgli il burro e il latte anche quando la prostituta non ebbe più nulla con cui ripagarli.

Dopo qualche tempo vollero dargli un nome, come si fa con gli animali domestici: ne provarono più di uno, ma al suono di quei nomi lo sconosciuto non volgeva neppure il capo. Infine compresero che tale compito non spettava a loro e interpellarono la prostituta, colei che per prima gli aveva parlato e lo aveva condotto con sé nel mondo degli uomini; e la prostituta gli diede il nome di Enkidu, ponendolo così sotto la protezione di Enki, il dio della sapienza, maestro e patrono di tutte le arti umane: non stava forse apprendendole anch'egli giorno dopo giorno? Non stava deponendo le abitudini selvagge come in un'età remota le avevano deposte i nostri progenitori sotto la guida di quella sagace divinità?

E quando la prostituta si affacciò sulla soglia della tenda e portando le mani alla bocca fece echeggiare per i prati il nome di Enkidu, Enkidu si volse subito verso di lei, quasi riconoscesse in quel suono le chiare sillabe del suo destino, quasi che quel nome gli appartenesse da sempre e avesse atteso soltanto di essere pronunciato.

VII

«Questa volta era acqua: acqua che tracimava torbida da fiumi e canali, che si riversava dal cielo come l'impeto di una battaglia e inondava i campi, abbatteva le mura delle città. Gli uomini si rifugiavano sui tetti delle case guardando a occhi sbarrati le piante divelte, le carcasse di animali sospinte da una marea fangosa in quelli che un tempo erano stati vicoli e strade, piazze e giardini. Ma l'acqua saliva ancora, arrivò loro alle caviglie, poi ai fianchi, poi alla gola, e infine li sommerse completamente. E quando la pioggia smise di martellare, quando la marea fangosa si ritirò, tutto era rovina e silenzio, e non restava più traccia dell'uomo né delle sue opere.»

«Hai sognato il diluvio, Gilgamesh» rispose la sacerdotessa di Inanna, «le acque tempestose che un giorno gli dèi riversarono sul mondo per distruggere il seme di tutte le creature viventi.»

«Il diluvio, dici? Ma quello è un evento remoto, di cui a stento si tramanda ancora il ricordo: solo Ziusudra potrebbe raccontare come avvenne, colui che chiamano il Lontano, colui che scampò alla furia delle acque e che gli dèi accolsero nella loro cerchia ponendolo ad abitare per sempre sull'isola del paradiso; altro non è sopravvissuto di quei tempi, neppure un mattone è rimasto delle città che allora prosperavano nella pianura. Invece fra gli edifici travolti dalla marea di fango mi è sembrato di riconoscere la nostra torre e le mura possenti che io stesso innalzai su fondamenta antichissime, e anche il tempio di Inanna ho riconosciuto, questo tempio dove ora ci troviamo a scambiare parole con cieca sicurezza, come se il riparo che ci offre potesse durare in eterno.»

Attraverso le alte cornici delle porte la sacerdotessa volse lo sguardo alla cella sacra, dalla cui penombra la statua della dea Inanna li fronteggiava severa reggendo sul palmo della mano una colomba di lapislazzuli. «Chi ha mai pensato niente del genere, Gilgamesh? Solo le case degli dèi sono costruite con mattoni che non si sgretolano.»

«E altre cose ho veduto» proseguì il re senza badarle, «cose di cui non riesco a capacitarmi. Ho veduto strane città dai tetti aguzzi, irte di torri sottili, e altre informi, prive di mura, che al calar della sera si accendevano di un vivido sfolgorio e posavano sulla campagna come immensi sciami di lucciole. Anche quelle città ho veduto travolgere dall'acqua, e gli uomini gridavano, le case crollavano, statue di divinità sconosciute venivano strappate dai piedistalli sotto i miei occhi. Ne ricordo una gigantesca il cui braccio levato reggeva una fiaccola, e alle cui spalle si ergevano ripide montagne di vetro: anche quella ho veduto travolgere dall'acqua, e le montagne si frantumavano, mille scaglie di vetro scintillavano sospinte dalla corrente limacciosa. Di tutto questo io non riesco a capacitarmi; tu però conosci le vie della saggezza, e forse puoi dirmi che significa.»

«Semplicemente» rispose calma la sacerdotessa «che anche la forte Uruk è destinata a tramontare, come le altre città, come tutte le cose di questo mondo. Non lo sapevi, forse?»

«Ma una città destinata a tramontare, meritava

davvero di essere costruita? Una vita che non sia eterna merita di essere vissuta? Chiedimi allora di accettare la sorte dell'effimera, quel piccolo insetto che vive dall'alba al tramonto librandosi in volo sul fiume: contempla il volto del sole, le sue ali trasparenti ne riflettono la luce, e poi più nulla.»

«Rassegnati, Gilgamesh. Persino gli dèi invecchiano, già prima del diluvio avevano le tempie ingrigite e mal sopportavano l'infantile esuberanza del genere umano. Noi mortali, poi, abbiamo giorni brevi come un soffio di vento: dall'argilla fummo tratti e argilla torneremo ad essere, quella stessa su cui gli scribi incidono con i loro stili le leggi e i contratti nuziali, le storie degli dèi e le gesta compiute dagli eroi.»

Il re aggrottò la fronte. «A che mi giova dunque tutta la mia potenza, se dovrò scendere nella casa di polvere? A che mi giova, se la morte deve abitare nella mia camera, e insinuarsi nei sogni, e ghermire come un ladro nella notte le mie membra assopite? E io, il signore di Uruk, per due terzi dio e solo per un terzo uomo, non sono in grado di respingerla, non posso neppure chiamare le guardie perché la scaccino dal mio capezzale.»

«Rassegnati, Gilgamesh» ripeté la sacerdotessa. «Ti fu destinata la sovranità, una vita che duri in eterno non ti fu destinata. Ma perché dovresti affliggertene oltre misura? Guarda, osserva la tua immagine in questo specchio di bronzo: sei bello come un dio, forte come una stella del cielo, e la tua potenza non conosce rivali.»

La sacerdotessa seguitò a lungo a parlargli così, suadente e carezzevole, nel tono di una madre che si rivolga al figlio prediletto per distoglierlo da un capriccio, ma né la sua saggezza né la sua adulazione poterono raggiungere il cuore del re. Gli occhi fissi sullo specchio che la sacerdotessa gli tendeva, questi andava cercando un ricordo fra le pieghe polverose della memoria.

«Mi sarebbe di sollievo» disse adagio, quasi parlando a se stesso «poter confidare il mio tormento a qualcuno che mi sia affine, a qualcuno che mi somigli come quest'immagine riflessa nel bronzo.»

«Nessuno ti somiglia, Gilgamesh.»

Ma Gilgamesh non rispose. Stava pensando al cacciatore venuto un giorno a implorare il suo aiuto, e a quell'uomo bello come un dio, forte come una stella del cielo, che vagava per le colline con gli animali selvatici.

VIII

Lasciato il tempio della dea Inanna, il re parlò all'orecchio del suo visir; il visir parlò all'orecchio di un messaggero, e il messaggero ripeté le sue parole per essere certo di saper riferirle fedelmente; poi uscì dalla città dirigendosi verso la capanna del cacciatore.

Appena il cacciatore ebbe udito il messaggio che Gilgamesh gli mandava prese a battere la campagna in lungo e in largo, trascurando le sue trappole e la selvaggina che gli si parava incontro. La batté per giorni e per settimane, finché capitò di nuovo nei pressi dello stagno; allora scoprì sul terreno due serie di orme, le une grandi e profonde, le altre più piccole e leggere, che dalla riva si inoltravano tra le canne. Le seguì, e vide che continuavano; le seguì ancora, ed esse lo condussero per sentieri tortuosi e angusti dove il piede affondava, dove sciami d'insetti lo avvolgevano come nubi ronzanti e uccelli palustri dalle lunghe zampe sottili fuggivano levandosi in volo al suo passaggio. Poi le canne si diradarono sempre più, finché a sera si schiuse davanti a lui un grande pascolo. Capre e pecore vi brucavano assorte, e ai margini del prato sorgeva un accampamento di pastori.

Quando Enkidu, nella luce radente del crepuscolo, scorse in lontananza il cacciatore, non rammentò di averlo già visto prima: ai suoi occhi tutti gli uomini si somigliavano, e il passato non era altro che una memoria vaga e struggente di corse sfrenate e tiepidi corpi rannicchiati contro il suo, di ciuffi d'erba strappati alla terra e lunghi sorsi bevuti avidamente con il volto immerso nell'acqua. Perciò attese tranquillamente che il cacciatore si avvicinasse, che si fermasse a pochi passi da lui e lo squadrasse con una strana espressione, insieme guardinga e soddisfatta. Solo quando vide il pugnale che gli pendeva al fianco lo riconobbe, e a un tratto si sentì minacciato, come se una rete calasse su di lui avviluppandolo saldamente nelle sue maglie. Allora, per sfuggire a quella rete, Enkidu corse a rifugiarsi nella tenda.

Osservando attraverso uno spiraglio vide la prostituta tornare verso la tenda con una ciotola colma di latte e vide il cacciatore sbarrarle il cammino, posarle una mano sul braccio per trattenerla, parlarle a lungo accennando nella sua direzione. Il cacciatore parlava, parlava; la donna sottraeva il braccio alla sua stretta con un gesto spazientito e ogni volta lui tornava ad afferrarlo, e intanto parlava, parlava; anche i pastori a poco a poco fecero cerchio intorno a loro, e tutti parlavano alla donna che ora non cercava più di sottrarre il braccio, ma ascoltava immobile, a capo chino. Enkidu pensò che il linguaggio degli uomini doveva possedere davvero un potere grandissimo se era riuscito ad arrestare quel movimento ostinato.

Infine la donna disse qualcosa, e il cacciatore le lasciò il braccio. Enkidu la vide venire verso di lui mentre il cerchio dei pastori si dissolveva e il cacciatore si allontanava tra le greggi al pascolo; la vide venire verso di lui, ma a passi esitanti, come se qualche ostacolo la costringesse a indugiare lungo il cammino, e quando entrò nella tenda egli si stupì del suo silenzio e del suo sguardo grave.

La prostituta gli porse la ciotola del latte e lui si chinò per bere immergendovi il volto, al modo degli animali; subito però gli tornarono alla memoria gli insegnamenti ricevuti, rammentò che il suo nome era Enkidu e veniva da Enki, il dio della sapienza. Con un sospiro rassegnato si staccò dunque dalla ciotola, poi ne portò l'orlo alle labbra e bevve il latte adagio, al modo degli uomini; e quando ebbe finito di bere levò gli occhi sul viso della donna per leggervi un segno della sua approvazione, ma lei rimaneva muta e distratta e non si accorgeva di nulla.

Enkidu conosceva le afflizioni degli animali, le afflizioni degli uomini non le conosceva. Pensò che con quel contegno assente la sua compagna gli manifestasse una collera che egli non aveva meritato, e si scostò da lei coricandosi in un angolo della tenda. Dopo qualche tempo sentì che la donna si coricava a sua volta, senza tuttavia venirgli vicino e circondarlo con le braccia come faceva ogni notte.

Rimasero così, volgendosi la schiena a vicenda. Enkidu stringeva i pugni per dirle "attenta", ma lei non poteva vederlo. Non dormiva, però: fingeva soltanto di dormire mentre da lontano, dal buio che ormai avvolgeva le fragili pareti della tenda, le giungeva a ondate il canto intonato dai pastori, un canto festoso, trionfante, dal quale emergeva spesso il nome di Enkidu. Poi anche quel canto si spense. Dopo aver lottato a lungo contro i pensieri che la tenevano sveglia, la prostituta riuscì a poco a poco ad assopirsi, ma si ridestò bruscamente sentendo muoversi il suo compagno. Sentì che si alzava, che sgusciava fuori della tenda, e preoccupata si affacciò a guardare.

Enkidu stava in piedi davanti alla tenda, scrutando nell'oscurità. Con un gesto rabbioso si strappò di dosso il panno che gli cingeva i fianchi, poi avanzò di qualche passo e dalle labbra gli uscì quel verso lungo e dolce che la donna aveva già udito presso lo stagno, quando egli aveva tentato di richiamare a sé le gazzelle intimorite.

Una volta, due volte Enkidu ripeté il suo richiamo, sempre più simile a un disperato lamento. Ma nella tenebra tutto rimaneva immobile e silenzioso, si udiva solo il frusciare del vento tra i lontani canneti, e all'improvviso Enkidu tacque, sopraffatto da quel silenzio, e si accasciò a terra stringendosi la testa fra le mani.

Allora la prostituta gli si avvicinò. «Che cosa cerchi, Enkidu? Perché ti disperi?» E poiché Enkidu le abbracciava convulsamente le ginocchia per dire "voglio" e seguitava a lanciare sguardi accorati verso i canneti, la prostituta si chinò su di lui e prese a parlargli con voce suadente.

«Davvero brameresti ancora di scorrazzare per le colline con le bestie selvatiche? Ma tutto questo, Enkidu, non fa più per te. Ti guardo e ti vedo bello come un dio, ti vedo forte come una stella del cielo. Persino questi prati, e la tenda di pastori dove ti corichi sulla nuda terra, e io stessa, Enkidu, ormai non facciamo più per te: è venuto il tempo di ammetterlo con franchezza.»

Così gli parlò la donna nascondendosi dietro lo schermo delle ciglia, ma Enkidu continuava a gemere sommessamente e non c'era modo di indurlo ad alzarsi da terra.

«Non sei persuaso, Enkidu? Non ti attrae la vita degli uomini? Eppure non la conosci ancora, credi a me, o non la confonderesti con la triste, avara esistenza di questa tribù di pastori. Se vuoi sapere cosa può essere la vita umana devi andare nella città di Uruk, osservarne le vie brulicanti, le ricche botteghe, i templi fastosi dove dimorano gli dèi; e se vuoi sapere cosa può essere un uomo, allora devi vedere Gilgamesh, il grande sovrano.»

Enkidu aveva smesso di gemere. Ascoltava intento le parole della prostituta, sgranando gli occhi per la meraviglia, e quel nome, Gilgamesh, gli riuscì stranamente familiare, come se lo conoscesse da sempre e avesse atteso soltanto che qualcuno lo pronunciasse, come se in quel suono udisse echeggiare a un tratto le chiare sillabe del proprio destino.

«A Uruk dalle forti mura» continuò la prostituta, «dove sorge il sacro tempio di Inanna e il lapislazzuli splende azzurro, simile al cielo stellato, là vive Gilgamesh, esperto di ogni gioia e di ogni dolore. Il suo corpo è vigoroso e perfetto, i suoi occhi hanno veduto tutte le cose, ma il suo umore è mutevole come l'astro della notte, e quando la tristezza gli scende nel cuore una nuvola scura sembra posarsi sulla città. Se vuoi apprendere il segreto dell'uomo, chi meglio di lui potrebbe rivelartelo?»

Ormai Enkidu non pensava più alle sue gazzelle, al sapore dell'erba e alle corse sfrenate per i campi, ma soltanto alla città di Uruk e all'uomo cupo e sapiente che vi regnava, come se quell'immagine ancora ignota lo avesse reso improvvisamente cieco a tutte le altre.

Levò lo sguardo sulla donna e non si accorse nemmeno che il suo viso era rigato di lacrime. Aveva una preghiera da rivolgerle, una diversa preghiera, concepita solo allora eppure fervida e impellente. Ma questa volta non abbracciò le ginocchia della prostituta: le afferrò le mani, invece, e stringendole con forza pronunciò le sue prime parole di uomo: «Conducimi dunque a Uruk. Conducimi da Gilgamesh».

IX

Abituato com'era alle dolci ondulazioni della sua campagna, quando si trovò dinanzi alle mura di Uruk Enkidu credette dapprima di essere giunto ai piedi di quegli alti monti impervi di cui aveva udito favoleggiare i pastori, luoghi lontani e misteriosi, nei quali nessun uomo può avventurarsi impunemente; e infatti non si scorgeva anima viva intorno alle erte muraglie che rosseggiavano superbe ai raggi del sole. Guidato per mano dalla prostituta aveva percorso dapprima sentieri, poi strade sempre più ampie, strade dove correvano i carri, dove gli asini avanzavano adagio sotto il peso della soma, dove una folla crescente gli faceva presagire l'animazione delle vie cittadine; poi, a un tratto, tutto quell'andirivieni era cessato, come se intorno a Uruk si stringesse un anello di solitudine.

Perplesso, Enkidu lanciò un'occhiata alla sua accompagnatrice, ma con un gesto del braccio questa lo invitò a guardare in alto. Allora egli vide una massa di uomini e donne, di vecchi e fanciulli, fittamente allineati in cima alle mura, ed erano tanti da non poter essere contati, e tutti guardavano in giù, verso di lui, e se lo indicavano silenziosamente a vicenda.

Prendendolo di nuovo per mano la prostituta lo condusse avanti, fino a un varco che si apriva nella muraglia proprio di fronte a loro. Mentre lo attraversava Enkidu fu colto dallo sgomento, poiché per la prima volta si sentiva incombere sul capo uno strato di mattoni; e quando ebbero oltrepassato la porta e si ritrovarono nell'intrico dei vicoli, insolitamente deserto, neppure allora egli riuscì a rassicurarsi del tutto. Mai aveva percorso cammini così angusti, simili a gole scavate nell'argilla, dove il suo sguardo, invece di spaziare libero, riusciva appena a insinuarsi tra gli alti muri ciechi che lo circondavano da ogni lato serrandolo in un abbraccio opprimente. Talvolta, nelle strette aperture che interrompevano di tanto in tanto quella monotonia, indovinava figure nascoste, appostate nel buio, che si ritraevano in tutta fretta appena posava gli occhi su di loro, o scorgeva all'angolo di una via il rapido movimento di un'ombra sul punto di scomparire. Per il resto, nemmeno qui si incontrava anima viva: gli usci delle botteghe erano sprangati, le strade vuote, come se una catastrofe ne avesse spazzato via sino all'ultimo abitante; eppure i due avvertivano la presenza di una folla attenta, silenziosa, che senza mostrarsi spiava ogni loro passo.

Raggiunsero così una zona meno densa di costruzioni, dove sorgevano pochi, grandiosi edifici e tra l'uno e l'altro si schiudevano orti e giardini, crescevano palme cariche di datteri e salici dalle lunghe chiome prostrate. Enkidu paragonò tristemente quella vegetazione ammansita con il verde delle sue colline, ignaro di ogni giogo umano. Quando fu dinanzi al tempio della dea Inanna, dalla vasta facciata adorna di nicchie, si fermò pensando che quella e non altra dovesse essere la dimora di Gilgamesh; ma tirandolo leggermente per la mano la prostituta lo indusse a proseguire. Quando vide l'alta torre massiccia i cui gradini salivano fino al cielo pensò di dover arrampicarsi sulla sua cima, poiché lì e non altrove avrebbe incontrato il più potente dei re; ma di nuovo la prostituta lo tirò per la mano, e di nuovo proseguirono.

Anche qui, in questo spazio più aperto, Enkidu si sentiva scrutato da occhi invisibili e spesso si volgeva a guardare indietro. In effetti, man mano che avanzavano, alcuni spettatori presero a comparire sul margine della strada, a sbucare da dietro gli alberi e i cespugli, a uscire cautamente dalle case, dapprima rari, poi via via più numerosi, sino a comporre alle loro spalle un lungo e muto corteo. Si mantenevano però a una certa distanza, pronti ad arretrare non appena Enkidu si voltava.

Così, accompagnati da quella scorta circospetta, i due giunsero in vista di un immenso edificio che Enkidu, nella sua inesperienza, non riconobbe neppure come tale: gli parve piuttosto una selva di mattoni cresciuta smisuratamente intorno a un suo centro segreto, o un'arnia costruita cella dopo cella per accogliervi le attività di uno sciame innumerevole. E se ormai una folla li seguiva, un'altra folla li attendeva davanti a quell'edificio, immobile, assiepata ai lati di una porta che due leoni di pietra vigilavano minacciosi ergendosi sulle zampe posteriori.

Quando vide tutto ciò, Enkidu si sentì mancare il coraggio. La prostituta aveva lasciato la sua mano, e invano egli tentò di afferrarla di nuovo. Con un cenno la donna gli ingiunse di proseguire. Lui obbedì, fece ancora qualche passo, e si accorse di essere rimasto solo. Smarrito, si volse a guardare indietro e scoprì che la prostituta si era unita alla massa degli spettatori. Cercò i suoi occhi, ma non riuscì a catturarne lo sguardo, nascosti com'erano dietro lo schermo delle ciglia; allora fece per tornare verso di lei, ma proprio in quel momento udì un mormorio eccitato levarsi da tutte le gole, e volgendosi di nuovo verso la reggia vide un uomo ritto sulla soglia.

Capì subito chi fosse: lo capì dal rapido ammutolire della folla, e ancor più dal tremito che sentiva in petto. Restò fermo, in attesa, e vide il re incedere lento verso di lui. Reggeva in pugno un bastone di una materia lucida e liscia, e uno strano oggetto risplendente gli sovrastava il capo. Ma la cosa più sconcertante era che della sua persona si scorgessero soltanto il viso e la mano levata a reggere il bastone: tutto il resto era celato da una sorta di guscio, da un lungo e rigido involucro che ricordava le elitre chiuse di uno scarabeo e dal collo del re ricadeva sino a terra mostrando piccole chiazze luccicanti, azzurre e gialle come il cielo stellato.

Al suo passaggio la folla indietreggiava, e anche Enkidu provò l'impulso di fuggire dinanzi a quella figura sempre più vicina della quale ormai riusciva a distinguere lo sguardo, fisso su di lui con un misto di curiosità e distacco. Ma quando gli fu di fronte, il volto a pochi palmi dal suo, il re depose scettro e corona, poi scostò i lembi del mantello e lo lasciò cadere a terra; allora Enkidu poté vedere il suo corpo e lo vide simile a quelli dei pastori tra i quali era vissuto: più alto, forse, più vigoroso, ma sempre il corpo di un uomo, che nella nudità gli appariva a un tratto fragile e gli suscitava un oscuro sentimento di compassione.

Rimasero così l'uno di fronte all'altro, nudi entrambi salvo per il panno che cingeva loro i fianchi, e la folla gridò più volte il nome di Gilgamesh, e gridò anche il nome di Enkidu con particolare eccitazione, quasi assaporandone le sillabe che pronunciava per la prima volta. Solo i due uomini tacevano, senza azzardare un gesto si studiavano a vicenda. Poi Gilgamesh sollevò la mano destra e la lasciò ricadere sulla spalla sinistra di Enkidu, afferrandola saldamente. Enkidu non si mosse, disorientato da quel gesto improvviso e da quella presa tanto energica, di cui non comprendeva l'intenzione; ma con lo sguardo Gilgamesh lo guidò, come si guida un bambino: gli fece capire che doveva sollevare anche lui la mano destra e posargliela sulla spalla sinistra afferrandola saldamente, Enkidu obbedì, e si trovarono l'uno nella presa dell'altro, impegnati in una simmetrica figura di danza.

A lungo durò quella lotta, cui tutto il popolo di Uruk assisteva con il fiato sospeso. Enkidu si abituò ben presto a imitare ogni mossa compiuta dal suo avversario, intuendo a poco a poco le leggi che ne governavano la successione, e quando le eseguiva male il re impercettibilmente lo correggeva, e quando esitava provvedeva a indirizzarlo con un cenno. Così lottavano, ma non da nemici: l'uno conteneva la sua forza, l'altro non approfittava della propria abilità, e in tal modo si manteneva tra loro un equilibrio perfetto. Lottavano, ma non per vincere: il loro intento, sempre più chiaro con il trascorrere dei minuti, faceva pensare piuttosto a quello di due esploratori che si inoltrassero passo dopo passo in un paese sconosciuto, e ciascuno dei due era per l'altro tale paese, e ciascuno era attratto dall'altro come dal proprio simile e dal proprio contrario.

«Enkidu è il più forte» gridavano alcuni tra la folla. «Fu nutrito dalle colline, allevato con il latte delle bestie selvatiche.»

«Gilgamesh è il combattente più esperto» gridavano altri, «non vi sono segreti che egli non conosca.»

Lottavano come potrebbe lottare con se stesso chi a un tratto vedesse la propria immagine prendere vita e farglisi incontro dal fondo di uno specchio; lottavano assorti, senza mai staccarsi l'uno dall'altro, mescolando i respiri nel breve cerchio formato dalle loro braccia. Ma la forza di Enkidu finì con lo sfiancare Gilgamesh, e l'abilità di Gilgamesh finì con il frastornare Enkidu.

«Fratello mio» disse Gilgamesh, «mi sento come un danzatore esausto al termine del convito.»

«Fratello mio» rispose Enkidu, «mi sento come una gazzella stremata dalla corsa.»

Entrambi lasciarono la presa, nello stesso istante. Gilgamesh fece scorrere lo sguardo sulla folla, che ora non gridava più, ma attendeva in silenzio; poi tornò a fissare Enkidu. «Io sono il re» disse gentilmente, quasi in tono di scusa, posandogli di nuovo una mano sulla spalla. «Tu, Enkidu, sei il fratello del re, l'amico del re, il primo servitore del re.»

Enkidu capì. Sotto la lieve pressione di quella mano piegò a terra il ginocchio, assumendo la posa dello sconfitto, e lasciò che il re lo rialzasse e lo abbracciasse nel tripudio degli spettatori.

X

E così Enkidu divenne il fratello del re, il suo unico amico, il primo tra i suoi servitori. Dopo averlo immerso nel lavacro le schiave del palazzo gli unsero il corpo di unguenti profumati, pettinarono e spartirono la lunga chioma incolta, gli fecero indossare una veste preziosa che avevano cucito per lui; e vedendolo così, pettinato e vestito, con la barba accuratamente disposta a raggiera, d'istinto giunsero le mani al petto, poiché pareva loro di trovarsi di fronte alla nobile figura di Gilgamesh.

Quel giorno tutta Uruk era in festa, suoni d'arpa e di cetra echeggiavano nella reggia, e quando venne l'ora del banchetto il sovrano fece sedere Enkidu accanto a sé, alla sua sinistra. Gli porgeva lui stesso i bocconi più prelibati, gli porgeva il proprio calice esortandolo a gustare con lui il piacere del vino; ma Enkidu mangiava appena, accostava appena le labbra al bordo del bicchiere, tanto si sentiva spaesato nella fredda magnificenza di quella sala. Per rassicurarsi cercava continuamente gli occhi di Gilgamesh e questi, dall'alto del suo seggio, chinava su di lui sguardi benevoli, gli rivolgeva parole gentili, non prive però di quella sfumatura di rammarico che già aveva velato la sua voce al termine del combattimento.

Venuta l'ora di coricarsi, Gilgamesh condusse

Enkidu nella camera reale dove con i giunchi intrecciati gli era stato preparato un comodo letto ai piedi del suo. Dapprima Enkidu non poté indovinarne l'uso, abituato com'era a dormire sulla nuda terra, e cercò sul pavimento un angolo riparato dove rannicchiarsi; allora Gilgamesh, sorridendo, lo rialzò e gli insegnò come si dorme in un palazzo quando non si è animali né schiavi, ma amici fraterni chiamati a condividere con il re una vita di agi.

E davvero condivisero tutto, da quel giorno: il sonno e i pasti squisiti, i lunghi bagni ritempranti e le passeggiate nei giardini, e persino durante le udienze Gilgamesh teneva Enkidu con sé facendolo sedere alla sua sinistra, accanto al trono. Da quel giorno fu quasi come se il resto del mondo avesse cessato di esistere per i due uomini, tutta la folla variopinta che gremiva i vicoli della città, e le guardie, gli scribi, i servi e le ancelle i cui passi solerti continuavano a risonare nella reggia: a tal punto essi erano assorti l'uno nell'altro.

Lineamento dopo lineamento, Gilgamesh studiava sul volto del suo favorito quella singolare somiglianza di cui il cacciatore gli aveva parlato per primo, e anche Enkidu, che ignorava la vanità degli uomini e non aveva mai indugiato a contemplare le proprie fattezze nell'acqua dei pozzi o degli stagni, ora scopriva stupito quella somiglianza nel liscio specchio di bronzo che il re gli tendeva.

Quando camminavano insieme per i giardini o per le lunghe teorie di sale della reggia, sembravano davvero l'uno l'immagine riflessa dell'altro; sembravano due divinità gemelle, due stelle di pari splendore che percorressero unite il loro tragitto celeste. Eppure Enkidu osservava con un affetto venato d'apprensione l'alta, fragile figura del suo signore che, così gli pareva, si sarebbe piegata come una canna al primo assalto del vento; eppure, per quanto i tratti dell'amico corrispondessero ai suoi con prodigiosa esattezza, Gilgamesh non riusciva a rispecchiarsi del tutto in quella fronte serena, in quegli occhi ancora ignari di ogni grave pensiero.

Non avrebbe saputo dire se ad attrarlo verso Enkidu, a renderglielo sempre più caro con il trascorrere del tempo, fosse davvero la somiglianza o non piuttosto questa diversità profonda delle loro nature. Quando ridestandosi da un sogno tormentoso si levava di scatto a sedere e volgeva gli occhi nella penombra della camera, provava una sorta di affascinata invidia nel vedere l'amico dormire quieto ai suoi piedi, fiduciosamente abbandonato sul letto di giunchi, come se la notte non gli riservasse alcun terrore e il sonno fluisse benigno su di lui recandogli soltanto riposo.

Nondimeno, si adoperava con ogni mezzo per inculcargli le sue abitudini, per instillargli i suoi pensieri, per renderlo insomma totalmente simile a sé distruggendone a poco a poco la felice innocenza di animale; e tale era l'amore di Enkidu per l'amico, che egli lo assecondava in quest'opera con tutte le energie di cui disponeva. Se con la prostituta era stato un allievo riottoso, ora si dimostrava zelante: rapito dalla sua nobile immagine, seguitava a imitare Gilgamesh allo stesso modo in cui l'aveva imitato durante la lotta, e non imparava a danzare, a guidare il cocchio, a maneggiare la spada, ma a danzare come Gilgamesh, a guidare il cocchio come Gilgamesh, a ripeterne con fedeltà assoluta le mosse di guerriero. E poiché non era Gilgamesh ma Enkidu, ed era stato nutrito dalle colline invece di crescere nelle ricche sale di una reggia, gliene veniva in ogni cosa, nonostante gli sforzi e i progressi quotidiani, una goffaggine di bestia ammaestrata costretta a scimmiottare i gesti degli uomini.

Gilgamesh vide tutto questo, perché era un re sapiente e nulla gli rimaneva celato.

«Enkidu» disse un giorno, «credo che se ci misurassimo oggi nella lotta potrei batterti senza troppa fatica. Io infatti ho conservato la mia abilità, ma tu la tua forza stai perdendola.»

Enkidu chinò il capo: adesso faceva così, anziché serrare i pugni, quando si credeva rimproverato.

«Forse dovrei allontanarti da me» continuò Gilgamesh, «restituirti alle tue colline, come si restituisce al suo nido l'uccello prigioniero quando intristisce nella gabbia e smette di cantare.»

«Signore» rispose Enkidu spaventato, «non allontanarmi da te, non restituirmi alle mie colline. Poiché non posso più essere un animale, ho deciso da tempo di diventare un uomo, anche se ciò significa perdere la forza e rischiare di soccombere nella lotta. Per questo sono venuto a cercarti nella città di Uruk: per apprendere da te che cos'è un uomo.»

«E come potrei insegnartelo, se io stesso non lo so? Ma non temere: tu mi sei necessario, neppure volendo riuscirei a privarmi di te.»

Enkidu levò sul re uno sguardo riconoscente, e il re distolse il proprio. Quella sera stessa donò al suo favorito una coppa di corniola, destinata al tesoro del tempio, e vi bevve con lui fino all'oblio.

XI

«Insegnami come è fatto il mondo» disse una volta Enkidu, e Gilgamesh glielo insegnò.

Gli spiegò che la terra era molto vasta, tanto che nessun uomo aveva mai potuto vederne i confini, e comprendeva molte campagne e colline oltre a quelle dove Enkidu vagava un tempo con le sue gazzelle, molte città oltre alla possente Uruk. Non solo: a occidente della fertile piana abitata dagli uomini, appena ondulata da quei miti rilievi, sorgeva un'impervia regione di montagne. Era quello il paese del vivente, dove i cedri crescevano fitti avvolgendo ogni cosa nell'ombra, e chi vi si avventurava lo faceva a proprio rischio e pericolo.

Enkidu non aveva mai veduto una montagna, e neppure Gilgamesh l'aveva mai veduta; tuttavia seppe descrivergliene l'aspetto, così diverso da quello di una collina come la notte è diversa dal giorno: quanto la collina è dolce, tanto la montagna è aspra, quanto la collina è propizia alle opere umane tanto la montagna vi è ostile. Eppure solo lassù, in quelle altezze inospitali, si trovano il legname e la pietra, l'oro e le gemme, e tutti i materiali preziosi di cui una grande città non può fare a meno.

«Questa dunque è la terra» disse Gilgamesh, ma la curiosità di Enkidu era insaziabile come quella dei bambini, e il re non aveva ancora finito di rispondere alla sua domanda che già egli ne poneva una nuova.

«E oltre la terra, signore, cosa c'è?»

«Oltre la terra, per chi mai ne raggiungesse i confini, si trova l'oceano, e oltre l'oceano l'isola del paradiso, dove il leone non uccide e il lupo non divora l'agnello. Là vive l'uomo che chiamiamo il Lontano: Ziusudra, il superstite del diluvio, accolto dagli dèi nella loro cerchia eterna. Nessuno però può attraversare l'oceano, poiché in esso scorrono le acque della morte.»

Quelle parole, "le acque della morte", colpirono Enkidu, che le ripeté più volte in tono perplesso.

«Io so cos'è la morte per un animale» disse poi, «ne ho visti molti cadere trafitti dalla freccia del cacciatore, o rannicchiarsi in fondo alla tana, quando sentono di non avere più forze, in attesa che il respiro si spenga, e ho visto le loro ossa bianche disseminate sulle alture. Ma puoi dirmi cos'è la morte per l'uomo?»

Gilgamesh esitò. «Per l'uomo» disse infine, «è sentir trascorrere gli istanti, e sapere che in uno di quegli istanti gli toccherà scendere nella casa di polvere, andare nel paese senza ritorno. Ma non parliamo di questo, te ne prego: lascia piuttosto che io ti descriva il cielo, dove gli dèi abitano dimore incorruttibili...»

Così Gilgamesh trasmetteva a Enkidu la scienza degli uomini, gli illustrava ciò che la terra racchiude e le celesti meraviglie che la sovrastano, gli narrava le storie degli dèi e le gesta degli eroi, che gli scribi incidono sulle tavolette con i loro stili. Solo del paese senza ritorno continuava a tacere, ma Enkidu non osava insistere, perché ogni volta che provava a interrogarlo in proposito vedeva il suo sguardo incupirsi e la fronte corrugarsi sotto l'alta benda regale.

XII

Così trascorsero i mesi, e venne la stagione della piena, e la terra si mutò in una palude limacciosa. Le acque, accolte dai contadini con festosa gratitudine, tumultuavano ai bordi delle dighe e degli argini eretti a proteggere i campi seminati, riempivano pozzi e cisterne, nutrivano il fitto reticolo dei canali che ne avrebbe ripartito con saggezza il flusso vivificante. Dai bastioni gli abitanti di Uruk osservavano quella campagna allagata, dove la mota seppelliva ogni sentiero arrivando a lambire il ciglio delle strade più alte, e si rallegravano per il copioso raccolto che presto avrebbe colmato i loro magazzini.

Anche il re andava spesso a osservarla, accompagnato da Enkidu. Da quando era incominciata la piena si sentiva privo di ogni energia, sentiva una linfa torpida e triste scorrergli nelle vene al posto del sangue. Era l'effetto della stagione, come ben sapeva: lo sperimentava ogni anno, e da tempo aveva imparato a sopportarlo. Ma lo stesso torpore, la stessa tristezza, li vedeva ora riflessi nell'amico, che si aggirava fiaccamente per le sale della reggia e sembrava addirittura aver perduto il gusto di fare domande.

Giorno dopo giorno, l'inerzia li irretiva entrambi nel suo pernicioso incantesimo. Di rado si spingevano oltre le mura della reggia, in quella città dove i loro nomi passavano ormai di bocca in bocca uniti l'uno all'altro come due parti della stessa parola; preferivano trascorrere il tempo distesi sui letti di giunco, in uno stato di malinconia trasognata che non era né sonno né veglia, ma del primo condivideva il languore, della seconda lo snervante logorio.

Era l'effetto della stagione, eppure Gilgamesh non l'aveva mai avvertito con tanta intensità. Persino i suoi sogni di catastrofi erano cessati, come se neppure quando chiudeva gli occhi egli potesse sfuggire alla stagnante immobilità che imprigionava il mondo. E quando poi li riapriva, vedeva sul giaciglio ai piedi del suo il grande corpo di Enkidu sfibrato dall'ozio, e attraverso la brumosa apatia che lo avvolgeva una fitta di rimorso penetrava sino a lui.

«Fratello» gli disse una volta, «se ci misurassimo oggi nella lotta, credo che entrambi offriremmo un ben misero spettacolo alla gente di Uruk.»

«Sì, fratello: ma tu non restituirmi alle mie colline, non allontanarmi da te.»

Così trascorsero i giorni, finché le acque limacciose si ritirarono e tutt'intorno alla città tornò ad affiorare l'intrico di strade e sentieri. Enkidu però non riusciva a recuperare appieno le forze perdute, poiché i pensieri di un uomo si erano insinuati in lui, la sua fronte non era più serena e anch'egli, come Gilgamesh, aveva imparato a sentire l'incalzante trascorrere degli istanti. E Gilgamesh sentiva il trascorrere degli istanti che l'uno dopo l'altro gli si posavano sul cuore opprimendolo con il peso di una montagna, e lo stesso peso vedeva accumularsi pian piano sul petto innocente dell'amico, fin quando non riuscì più a sopportarlo e disse a Enkidu: «Perché dovremmo arrenderci alla debolezza? Perché non potremmo scuoterci di dosso il torpore e compiere grandi gesta, di quelle che gli scribi incidono sulle tavolette con i loro stili appuntiti?».

Enkidu, nell'udirlo, si limitò a levare un sospiro di stanchezza. Ma Gilgamesh insisté: «Perché non dovremmo armarci e raggiungere il paese del vivente? Ricordi? Te ne ho parlato più volte: è quel luogo alto e impervio dove crescono i cedri, dove nessun uomo si è ancora avventurato».

Tali parole strapparono Enkidu all'indolenza. «Sì, signore, ricordo» disse fissando in viso Gilgamesh, come per scandagliare la serietà del suo proposito. «Fu quando mi insegnasti a conoscere l'ordine del mondo. Perché ora vorresti turbarlo con una simile impresa?»

«Rifletti, Enkidu: non è forse compito di un uomo percorrere vie mai tentate? O dovrei lasciarmi sprofondare giorno dopo giorno in questa pianura acquitrinosa, senza sforzarmi di sollevare il capo? Basta, è deciso. Andremo nel paese del vivente, lo conquisteremo, e uccideremo il guardiano gigantesco che vigila sui cedri.»

«Rifletti, signore: sulle colline io uccisi lupi e leoni, quando minacciavano la mia vita o tentavano di assalire il mio branco. Ma quel gigante, quel guardiano dei cedri, in che modo ti minaccerebbe?»

Gilgamesh gli rivolse un'occhiata severa, come non aveva mai fatto. «Mi sono sbagliato» rispose a voce bassissima, «credevo di averti trasformato in un uomo. Non discutiamone oltre: andrò da solo nel paese del vivente.» E detto questo gli volse le spalle e si allontanò a grandi passi, tremando di sdegno.

Enkidu si affrettò a raggiungerlo. «Dovunque tu vada verrò anch'io» disse afferrandogli le mani. «Il mio posto, lo sai, è con te. Ma lasciami tentare di persuaderti, lasciami dire che il tuo posto è Uruk, non il paese del vivente.»

«Quello che tu chiami il mio posto» replicò Gilgamesh, «io lo considero ormai la mia prigione. Come potrebbe essere diversamente se la morte vi abita accanto a me, pronta a ghermirmi nella notte con la sveltezza di un ladro? E non c'è rimedio, Enkidu, perché una vita che duri in eterno non mi fu destinata. Ma prima di scendere nella casa di polvere voglio innalzare il mio nome dove si scrivono i nomi degli uomini famosi, inciderlo per sempre sulla pietra. Ti sembra forse un desiderio assurdo?»

«Inciderlo per sempre sulla pietra... Eppure mi insegnasti tu stesso che il "per sempre" è riservato agli dèi: gli uomini hanno giorni brevi come un soffio di vento, i loro nomi sono destinati all'oblio, e anche le tavolette d'argilla sono destinate a sgretolarsi con le parole che essi vi hanno inciso. Sì, Gilgamesh, credo che il tuo desiderio sia assurdo: non sfuggirai certo alla morte recandoti sulla montagna dei cedri.»

Ma Gilgamesh non lo ascoltava, sedotto com'era da quel temerario proposito. «Voglio compiere un'impresa che nessun uomo ha mai compiuto» si ostinava a ripetere, «voglio incidere il mio nome dove non è ancora stato scritto il nome di nessun uomo»; e lo ripeté così a lungo, e con così fervida convinzione, che Enkidu finì col piegarsi alla sua volontà e promise di seguirlo nel paese del vivente.

XIII

Ora in tutta la città di Uruk fervevano i preparativi: dalle fucine dei fabbri, dove si forgiavano le armi per gli eroi, si levava un fragore incessante, nei giardini i salici crollavano al suolo l'uno dopo l'altro fiaccati dalla scure, ogni artigiano prestava la sua opera affinché nulla mancasse alla spedizione, e ai rumori degli utensili si mescolava un canto intonato da mille gole che celebrava in anticipo la vittoriosa impresa di Gilgamesh.

Dopo il colloquio con Enkidu il re aveva riunito il consiglio degli anziani per esporre loro il suo disegno, e i cauti vegliardi l'avevano ascoltato con apprensione, chinando le teste canute.

«Il tuo coraggio, Gilgamesh, ti porta troppo lontano» gli dissero quando ebbe concluso, «la giovinezza ti ispira pensieri avventati. Non sai dunque che per raggiungere il paese del vivente occorre valicare sette montagne, una più impervia dell'altra, su sentieri ripidi e angusti dove a ogni passo si schiudono terribili precipizi? Non sai che la foresta dei cedri si estende per diecimila leghe in ogni direzione, fitta e tenebrosa, e che chiunque osi penetrare nei suoi recessi viene sopraffatto da un'invincibile debolezza? Per non parlare del gigante, il fosco guardiano dei cedri, il cui ruggito è come lo scroscio della tempesta, il cui respiro è fuoco, le cui fauci sono la morte stessa.»

Così dicevano gli anziani, ma il re non se ne diede per inteso. «Io, Gilgamesh, valicherò le sette montagne, abbatterò i cedri della foresta e piegherò quel gigante le cui fauci sono la morte stessa. A questa impresa mi impegno, e non avrò pace finché non sarà compiuta.»

Enkidu, seduto accanto a lui, lo ascoltava in silenzio, e silenziosi e afflitti si fecero anche gli anziani vedendo quanto fossero inutili i loro ammonimenti.

«Almeno» dissero infine, «prima di partire sali in cima alla torre e offri una libagione per invocare il favore degli dèi.»

E Gilgamesh promise, e gli anziani sciolsero il consiglio. Poi il re radunò un'altra assemblea, quella dei giovani guerrieri, i figli della città, i quali accolsero il suo annuncio con le più rumorose manifestazioni d'entusiasmo. Enkidu, seduto accanto a lui, ascoltava in silenzio.

«Apprendete ora la mia volontà» disse il sovrano quando si furono chetati: «chi di voi ha una madre, resti con la madre; chi di voi ha una famiglia cui provvedere, rimanga e provveda alla famiglia, perché a Uruk nessuno dovrà piangere a causa di Gilgamesh, nessuno dovrà sedere nella polvere indossando le vesti lacere del lutto. Ma tra quelli che non hanno madre né famiglia e sono ansiosi di emulare le mie gesta, in cinquanta mi seguiranno, scelti tra i migliori».

E così avvenne, secondo la volontà del re. Anche per i cinquanta figli della città, scelti tra i migliori e i più ardimentosi, furono fabbricate nuove armi, anche per loro furono ammassate provviste sui carri affinché nulla mancasse alla spedizione, e poiché non avevano madre né una famiglia cui provvedere, nessuno si turbava quando andavano pavoneggiandosi per le strade con le loro armi lustre e scintillanti, anzi, un tale spettacolo rallegrava il cuore dei cittadini. «Ora» dicevano «si vedrà quale sia la forza dei figli di Uruk, il mondo intero ne verrà a conoscenza.» E li colmavano di doni, e invocavano su di loro il favore degli dèi.

Di quelle speranze, di quei voti, di quel fervido affaccendarsi, un'eco raggiungeva i due amici all'interno della reggia. Gilgamesh se ne sentiva sempre più confermato nel suo proposito e contava impaziente i giorni che ancora lo separavano dalla partenza, ma Enkidu non si lasciava contagiare dall'euforia del sovrano. Prendeva parte al suo fianco alle cerimonie sacre, passava in rassegna con lui gli uomini e i carri, eppure seguitava a manifestare verso quell'impresa una riluttanza invincibile, né gli dava alcuna gioia la vista delle magnifiche armi che i fabbri della città stavano forgiando per loro e alla cui lavorazione, secondo il desiderio di Gilgamesh, entrambi sovrintendevano quotidianamente.

«Guarda» disse una volta il re in tono allegro, indicandogli l'ardente fucina, «ecco le fauci del gigante, ecco il suo respiro di fuoco.» Ma Enkidu chinò il capo senza sorridere, e non rispose nulla.

Infine venne la vigilia della partenza e Gilgamesh, come aveva promesso agli anziani, salì sulla torre dove gli uomini incontrano gli dèi. Vi salì da solo, percorrendone lentamente i larghi gradini, mentre tutto il popolo lo seguiva con lo sguardo e anche Enkidu lo seguiva con lo sguardo, poiché nemmeno a lui era consentito di accompagnarlo lassù.

Giunto in cima, il re versò la sua libagione. Sapeva quanto simili offerte fossero gradite agli dèi: questa poi emanava un profumo talmente dolce e invitante, che certo li avrebbe fatti accorrere come mosche sul miele. Così pensava Gilgamesh, ma così non accadde. A lungo rimase in cima alla torre, ritto accanto alla sua offerta, le mani giunte al petto in segno di devozione, senza percepire intorno a sé il più piccolo segno. Gli parve che il cielo stesso si fosse rinchiuso in un silenzio ostile: nella luce del tramonto, gravava corrusco su di lui come un'immensa lastra di rame, e non un alito di vento lo scoteva, non un suono giungeva fin lassù dalla città in attesa. Quel silenzio e quella solitudine infusero lo sgomento nell'animo di Gilgamesh, ma neppure allora egli sentì vacillare la sua risoluzione. Se gli dèi tacevano, decise, lui avrebbe parlato per loro.

E tornato tra la folla che lo attendeva ansiosa ai piedi della torre, raccontò che appena versata la libagione una brezza amica aveva preso a spirargli intorno e aveva diffuso nell'aria le fragranze più squisite. Così raccontò, sostenendo con altera fermezza lo sguardo perplesso degli anziani e quello dei figli della città che lo ascoltavano esultanti. Solo quando incontrava i grandi occhi bruni di Enkidu doveva distogliere i suoi, e un'ombra di esitazione gli incrinava per un attimo la voce.

XIV

E partirono, finalmente: in un'alba ventosa il corteo reale varcò le mura scortato da tutto il popolo, e non vi era chi non manifestasse un ammirato stupore alla vista dei cinquanta figli della città con i loro scudi tersi come specchi, con le lance spavaldamente levate sulle spalle a comporre un'irta selva di punte; non vi era chi non provasse un senso di fierezza nel contare i carri e gli asini dalla greve soma che sfilavano portando armi e vettovaglie e quant'altro la città di Uruk aveva saputo mettere insieme per assicurare il buon esito della spedizione; e quando passò il cocchio d'oro trainato da sei cavalli e sul cocchio si videro ritte fianco a fianco le figure dei due eroi, un mormorio d'entusiasmo percorse la folla, tanto esse apparivano splendide nel fulgore del sole. Armati di spada e di scure, il capo cinto da un elmo d'oro, sembravano due divinità gemelle che si dividessero la signoria della guerra.

A lungo i cittadini di Uruk accompagnarono il corteo fuori delle mura, per i campi ancora addormentati, nel fruscio dei canneti scossi dal vento. Ma quando giunsero ai confini del regno, là dove la terra si stendeva incolta e senza padrone, il più anziano tra i consiglieri si fece avanti accostandosi al cocchio regale. Allora uno dei due passeggeri tirò le redini e l'altro, alzando il braccio che reggeva la frusta, fece fermare all'istante tutto il corteo.

«Enkidu» disse il vecchio all'uomo che aveva tirato le redini, «noi consiglieri di Uruk ti affidiamo il nostro re: proteggilo a costo della vita, e riportacelo sano e salvo attraverso le insidie del viaggio. Quanto a te, Gilgamesh» seguitò rivolto all'uomo che aveva alzato il braccio, «possano gli dèi mostrarti compiuta l'azione che le tue labbra hanno proferito; possano schiudere dinanzi a te un cammino agevole, aprire le montagne al tuo passaggio, disarmare la mano del tuo nemico. Che il giorno ti sia propizio, Gilgamesh, e che la notte ti rechi le benedizioni della notte.»

Il re sorrise a queste parole, poi fece schioccare la frusta e il cocchio ripartì, e tutto il corteo si rimise in marcia lasciandosi rapidamente indietro le donne in lacrime e gli anziani preoccupati, i miti artigiani di Uruk e i mortificati guerrieri che erano stati esclusi dalla scelta.

Si inoltrarono dunque in quella terra incolta e senza padrone, dapprima costellata di chiazze verdeggianti, poi sempre più riarsa, una brulla distesa di sabbia che il vento sollevava intorno a loro in volute serpentine. Se all'inizio incontravano talora qualche viandante o gruppi di pastori radunati sul ciglio della strada per vederli sfilare, via via che proseguivano quelle presenze si diradarono fino a cessare del tutto e il corteo si trovò ad attraversare una vasta regione ancora ignara dell'uomo e delle sue opere. Qui non scorrevano fiumi, i canali non convogliavano verso i campi acque suscitatrici di vita, né vi era traccia di strade o di sentieri. Il paesaggio era così uniforme nella sua desolata vastità, che di giorno i viaggiatori dovevano orientarsi seguendo il sole e di notte osservando le stelle che splendevano grandi e bianche sulla nera cupola del cielo.

Sei volte si accamparono per dormire, e sei volte levarono le tende al mattino. Il settimo giorno scorsero a un tratto una muraglia altissima posata sull'orizzonte a precluderne la vista, e capirono che là cominciavano le montagne. Ora Enkidu non ebbe bisogno di tirare le redini né Gilgamesh di sollevare la frusta: tutti, uomini e animali, si erano fermati bruscamente all'apparire di quel lontano profilo. Quando poi il corteo si rimise in marcia, l'andatura di asini, buoi e cavalli divenne più incerta, e da quel momento i cinquanta figli della città proseguirono cantando per farsi coraggio.

Sei volte ancora si accamparono per dormire, sei volte levarono le tende al mattino, e se fin qui avevano camminato in piano adesso la terra cominciò a salire, dapprima impercettibilmente, poi sempre più ripida man mano che li conduceva verso le montagne. Le vedevano crescere davanti ai loro occhi, ora dopo ora, passo dopo passo. I cinquanta figli della città continuavano a cantare, gli asini, i buoi e i cavalli continuavano ad avanzare esitanti, e Gilgamesh dall'alto del cocchio indicava a Enkidu quell'erta parete di roccia che copriva il cielo con la sua mole poderosa. Gli indicava le gole e i crepacci, i picchi svettanti che ormai si potevano distinguere chiaramente alla sommità, e seguendo la direzione dei suoi cenni Enkidu guardava, muto e attonito.

Quando infine, il settimo giorno, si trovarono ai piedi della montagna, a tutti i cinquanta figli della città il canto morì nella gola. Rimasero immobili, stretti l'uno all'altro, spingendo lo sguardo su quelle cime, mentre Enkidu e Gilgamesh, smontati dal carro, esploravano i dintorni in cerca di una via praticabile. Ma gli asini e i buoi, nel vedersi incombere addosso l'ombra gigantesca della montagna, fuggirono urlando verso la pianura, e fuggirono anche i cavalli del re trascinandosi appresso il cocchio sferragliante.

I soldati non tentarono neppure di inseguirli, raggelati com'erano dallo sgomento. Videro le loro bestie scomparire lontano, oltre la cortina di polvere che esse stesse avevano sollevato in quella corsa precipitosa, e con le bestie videro scomparire armi e vettovaglie, e i carri di legno e il bel cocchio regale, e tutto ciò che la gente di Uruk aveva messo insieme per assicurare il buon esito della spedizione: tutto scomparve tra la polvere, e quando la polvere si posò la sabbia si stendeva deserta, solcata soltanto dalle lunghe ombre delle rupi.

XV

Nonostante l'augurio degli anziani, le montagne non si aprirono al passaggio di Gilgamesh e del suo seguito: gli uomini dovettero scalarne con fatica le pareti, aggrappandosi alle sporgenze, distogliendo lo sguardo dagli abissi sempre pronti a inghiottirli dovunque posassero il piede, cercando riparo tra le rupi dal vento che soffiava tanto più forte quanto più procedevano nella loro ascesa.

Avvezzi com'erano alla mansuetudine della pianura, si sentivano spaesati in quel mondo verticale dove le linee si spezzavano di continuo in bruschi spigoli senza concedere allo sguardo un istante di riposo. Procedevano facendosi strada con cautela tra le sagome tormentate delle rocce, percorrevano gole anguste il cui fondo non era mai stato sfiorato da un raggio di sole, e quando infine, per quei cammini impervi, sbucavano in un luogo aperto, vedevano spalancarsi sotto di loro una successione di voragini e precipizi, così vertiginosa, così orribilmente attraente, da indurli ad afferrarsi alle rocce per timore di esserne risucchiati.

Poiché i buoi e gli asini fuggendo avevano portato via i viveri destinati alla spedizione, i cinquanta figli della città dovettero procurarsi il sostentamento per se stessi e per il loro signore cacciando tra picchi e crepacci l'agile selvaggina che dimorava a quelle altezze, e da tali battute rischiose furono in molti a non tornare; ma i superstiti si dividevano la preda riservandone al re i bocconi migliori. Solo Enkidu non toccò mai la carne degli animali uccisi: si nutriva di bacche, di foglie, dei rari ciuffi d'erba che crescevano nelle fessure delle rocce e che egli strappava con le mani come era solito fare un tempo, quando ancora viveva sulle colline tra le sue gazzelle.

Per giorni e giorni si inerpicarono, valicando l'una dopo l'altra le sette montagne che li separavano dal paese del vivente. Erano come sette bastioni concentrici posti a difesa di una città, ed essi li espugnarono l'uno dopo l'altro, ma a ognuno di quei cerchi il numero degli assalitori si riduceva: chi precipitava in un burrone sotto lo sguardo inorridito dei compagni, chi si feriva in modo così grave da non poter più proseguire e veniva lasciato indietro confidando nella misericordia degli dèi; alcuni, durante la marcia o in una solitaria battuta di caccia, furono colti dal terrore nell'udire le rupi ripetere con voce tonante le loro parole, e senza più rammentare né Gilgamesh, né il proprio onore di soldati, imitarono asini, cavalli e buoi fuggendo a rotta di collo verso la pianura.

Così i cinquanta figli della città si erano ormai ridotti a dieci quando, scura e compatta in cima all'ultima montagna, apparve infine la foresta dei cedri. Ma scorgendone in lontananza il selvaggio rigoglio, le gigantesche chiome che avvolgevano la vetta in un'ombra perenne, anche quei dieci persero il coraggio e si rifiutarono di avanzare oltre. Invano Gilgamesh tentò di convincerli con lusinghe e minacce, e nel comprendere l'inutilità dei suoi sforzi fu assalito da un'ira violenta; poi però vide i volti affilati dai digiuni, i corpi smagriti dalla lunga marcia, incontrò gli sguardi stanchi e atterriti dai quali sembrava cancellata ogni traccia di giovinezza, e la collera che l'aveva dominato si dileguò lasciando il posto a una riluttante compassione.

«Sia come volete» disse in un tono d'indulgenza che smentiva la fredda alterigia delle parole, «volgetemi pure le spalle nell'ora del bisogno. Gilgamesh e suo fratello Enkidu non dovranno dividere con altri la gloria di quest'impresa.»

Non ebbe bisogno di ripeterlo: temendo che il re potesse tornare sulla sua decisione e costringerli a proseguire con lui, i dieci figli della città corsero a rifugiarsi sulla montagna dalla quale erano appena discesi e rimasero lassù, ben nascosti dietro le rocce, a osservare di lontano la cupa sagoma della foresta e le figure dei due eroi, ritte dinanzi a quella verde immensità.

Dalla distanza a cui si trovavano non avrebbero saputo dire quale fosse Gilgamesh e quale Enkidu, ma li videro parlare a lungo, e a giudicare dai gesti doveva essere una discussione molto accesa. Uno dei due seguitava a indicare nella loro direzione, verso la via del ritorno, mentre l'altro, con un ampio gesto del braccio, indicava perentoriamente la direzione opposta dove li attendeva l'ombra inviolata dei cedri.

Infine il primo piegò a terra il ginocchio, assumendo la posa dello sconfitto; l'altro gli andò vicino, lo rialzò e gli gettò le braccia al collo. Per qualche istante rimasero così, sotto gli sguardi attenti dei soldati; poi si sciolsero dall'abbraccio.

Se finora gli osservatori avevano continuato a scambiarsi commenti sulla scena cui stavano assistendo, adesso ammutolirono di colpo vedendo i due incamminarsi fianco a fianco verso la foresta. Li videro risalire lentamente l'erto pendio, arrancando sotto il peso delle armi, e man mano che avanzavano le loro figure si facevano sempre più piccole e indistinte, sempre più fragili dinanzi alla massa torreggiante degli alberi, tanto che ormai i soldati stentavano a credere che una delle due fosse davvero un re e l'altra il più forte tra gli uomini. E quando infine li videro sparire, inghiottiti dalla foresta, i figli della città levarono un grido, e le rocce ripeterono quel grido con voce tonante diffondendolo di montagna in montagna, di valle in valle, sino alla remota distesa della pianura, come se tutto il mondo dovesse piangere la sorte di Gilgamesh e di suo fratello Enkidu.

XVI

Una penombra indistinta, accesa qua e là di bagliori verdastri, una greve, immensa cupola di fronde stesa a nascondere il cielo e sorretta dai tronchi dei cedri come da gigantesche colonne: tale era il luogo dove ora, primi fra tutti gli uomini, si trovarono a vagare i due eroi. Nel labirintico intrico di vegetazione che li circondava, ben presto finirono con lo smarrire del tutto l'orientamento: non vi era più né alto né basso, né destra né sinistra, solo quella foresta informe e sterminata che li imprigionava così saldamente nei suoi anfratti, come se la foresta fosse il mondo intero e fuori di essa non esistesse più nulla.

E da ogni angolo, da ogni recesso, echeggiava confuso e molteplice il brusio del vivente. Era un bisbigliare sommesso che si levava senza posa mescolando il sibilo del vento e lo stormire dei rami, i versi degli animali e il ronzio di mille specie d'insetti. Era il linguaggio inarticolato con il quale, dal momento in cui vi avevano messo piede, la foresta non cessava mai di parlare all'orecchio dei due amici, ed essi le prestavano un ascolto ansioso, tentando invano di distinguere in quel coro le singole voci che lo componevano. Per Gilgamesh, cresciuto nelle dimore degli uomini, era un suono straniero e terribile; ma Enkidu ne era sedotto come da un canto dolcissimo, e doveva compiere uno sforzo su se stesso per non cedere alla suadente nostalgia che gli instillava nell'animo.

Quando la via divenne troppo angusta per consentire loro di procedere fianco a fianco, Gilgamesh disse di voler andare avanti per primo.

«Io sono il re; tu, Enkidu, sei il fratello del re, l'amico del re, il servitore del re. Io sono l'artefice di questa impresa, e spetta dunque a me assumerne il rischio maggiore.»

Ma Enkidu ribatté: «Non mi sei forse stato affidato dagli anziani di Uruk, e non ho forse promesso di proteggerti a costo della vita? Chi avanza per primo protegge il compagno, vigila sui suoi passi sventando le insidie del cammino. Seguimi dunque, e lascia che io adempia la mia promessa».

E così Enkidu andò avanti per primo e Gilgamesh lo seguì, tenendosi aggrappato alle sue spalle per timore di perdersi in quell'oscurità. Man mano che si addentravano avevano sempre più spesso l'impressione di sentir affiorare dal brusio della foresta parole vere e proprie, ma troppo flebili e incerte per consentir loro di coglierle chiaramente. A entrambi sembrava talvolta che quella voce composita si sforzasse di articolare le sillabe dei loro nomi, Enkidu, Gilgamesh, e andasse ripetendole all'infinito in un lento, ostinato tentativo di approssimazione.

Intimiditi dal mormorio che li avvolgeva, i due parlavano tra loro a voce bassissima. In quel luogo dove ogni angolo ferveva di vita si sentivano continuamente scrutati da mille occhi, ascoltati da mille orecchi attentissimi, e sebbene non si fossero ancora imbattuti neppure nel più minuscolo animale, ad ogni istante avvertivano intorno a sé il respiro di mille creature.

«Camminiamo da un pezzo» sussurrò Enkidu, «e ancora non abbiamo trovato alcuna traccia del gigante.»

«Se abita nella foresta» rispose Gilgamesh, «deve pur avere una tana da qualche parte: andiamo avanti, e finiremo col trovarla.»

Enkidu si disse d'accordo, e tale era in effetti la sua speranza. Ma entrambi rabbrividirono silenziosamente al pensiero che la tana del gigante fosse in realtà la foresta stessa, quella vibrante penombra dove vagavano smarriti, quel verde viluppo di fronde che si stringeva intorno a loro come la rete si stringe intorno alla preda.

Se fino ad allora avevano creduto di procedere nell'oscurità, dovettero mutare parere quando, dopo aver rosseggiato brevemente nella vampa del tramonto, la cupola delle fronde si fece nera e notturna sopra di loro immergendoli in una tenebra assoluta. Solo con uno sforzo poterono rammentare che di là da essa si spiegava un'altra e più vasta cupola, ingentilita dal bagliore remoto delle stelle: nessuna stella brillava per loro in quella notte, e la barca d'argento del dio luna, se pure navigava nel cielo, non era in grado di inviare lì sotto nemmeno il raggio più tenue.

Non potendo proseguire, cercarono a tentoni fra gli arbusti uno spazio sgombro dove coricarsi. Si sdraiarono l'uno accanto all'altro, spalla contro spalla, e rimasero a lungo in silenzio puntando verso l'alto gli sguardi accecati dal buio, ascoltando il mormorio della foresta che anche nel buio continuava, sommesso e frastornante. Ma dopo qualche tempo, con grande stupore, Gilgamesh si accorse che l'amico aveva preso sonno, come cullato da quella vaga melodia.

Quanto a lui, era troppo inquieto per sperare di addormentarsi. Restò sveglio, balzando a sedere ogni volta che gli pareva di udir emergere sugli altri un rumore più forte, una voce più nitida, e rammentò con amarezza l'augurio formulato dall'anziano al momento della partenza: che la notte gli recasse le benedizioni della notte. Eppure nemmeno in quei momenti avrebbe desiderato trovarsi nella reggia di Uruk, nella camera sontuosa e ben vigilata dove la morte sedeva al suo capezzale. È vero, lo minacciava anche qui, e ben più da vicino; ma era una morte diversa, casuale e improvvisa, che poteva colpirlo con la violenza del fulmine oppure, come il fulmine, risparmiarlo abbattendosi altrove. Quella che lo attendeva a Uruk era invece la morte ineluttabile scritta da sempre per lui sulle tavolette del destino, lenta e costante nel suo approssimarsi come il brusio della foresta che ora lo avvolgeva.

Così passò il tempo, minuto dopo minuto, mentre Enkidu dormiva e Gilgamesh vegliava accanto a lui. Ma quando le prime lame di luce filtrarono attraverso le fronde diradando l'oscurità, Enkidu si destò di soprassalto e fece scorrere all'intorno uno sguardo sbigottito.

«Mi hai chiamato?» disse poi volgendosi verso l'amico. «Se no, perché sono sveglio? Mi hai toccato? Se no, perché sono pieno di terrore? O forse un dio è passato di qui, e per questo le mie membra sono intorpidite dalla paura?»

«Nessun dio è passato di qui» rispose Gilgamesh stringendogli le mani tra le sue, «ma forse qualcosa è venuto a te nella notte. Raccontami il tuo sogno, Enkidu, chissà che insieme non riusciamo a intenderne il senso.»

Ma Enkidu replicò: «Da che sono al mondo, nessun sogno mi ha mai visitato. Lo sai bene, ho imparato a dormire dalle gazzelle, di quel sonno immemore e profondo che scende come una benedizione sugli animali sfiniti, e anche questa notte mi sono addormentato tranquillamente. Non avevo paura, al contrario: mi sembrava che la foresta stessa mi cullasse con il suo canto e stendesse su di me una tenebra amica. A un tratto però tutto è mutato, come se qualcosa mi avesse agghiacciato il cuore, e mi sono svegliato così, tremando di sgomento».

«Siamo stanchi, Enkidu, e snervati da questa vana ricerca. Se il gigante non si trova, perché dovremmo continuare a cercarlo? È appunto quanto avevo pensato di dirti poco prima che tu ti svegliassi.»

«Vuoi tornare indietro?»

«Voglio abbattere i cedri, abbatterli uno per uno. Dovunque si nasconda, il gigante dovrà venire allo scoperto. Se nel tuo cuore c'è la paura, getta via la paura, se c'è il terrore getta via il terrore: non ha pace chi lascia incompiuta l'opera iniziata.»

A quelle parole Enkidu balzò in piedi. «Ascoltami, Gilgamesh...»

Ma Gilgamesh non lo ascoltava. Si alzò a sua volta, afferrò la scure che aveva posato a terra coricandosi e si accostò all'enorme tronco di un cedro. Solo quando ebbe vibrato il primo colpo tornò a volgersi verso l'amico, e con un cenno lo invitò a raggiungerlo. Enkidu esitava, ma Gilgamesh lo chiamò di nuovo fissandolo con uno sguardo fermo, gli occhi negli occhi; allora anche Enkidu raccolse la sua scure e anch'egli la vibrò contro il cedro.

A lungo risonarono i colpi, secchi e cadenzati, mentre la foresta continuava a levare intorno a loro il suo uniforme brusio. Ma quando infine il cedro cedette abbattendosi di schianto sugli alberi vicini, il brusio si mutò in lamento, come se il vento e le fronde, gli uccelli e gli insetti, e tutto ciò che di vivo vi era in quel luogo, fondessero le proprie voci in un canto di cordoglio.

A quel suono Enkidu lasciò cadere a terra la scure; Gilgamesh invece si avvicinò a un altro cedro e sollevò la propria in aria, pronto a colpire di nuovo. Ma la scure non aveva ancora toccato la corteccia dell'albero che le mille voci indistinte divennero a un tratto una voce sola, chiara e terribile, e i due uomini poterono intenderne le parole:

«Chi è costui che ha violato la mia foresta? Chi è costui che ha abbattuto il mio cedro?»

E quando udì quella voce Gilgamesh sentì la scure sfuggirgli dalle mani, sentì le forze abbandonarlo, e prima che Enkidu potesse accorrere a sorreggerlo cadde riverso al suolo, come un uomo ghermito improvvisamente dal sonno.

XVII

Qualcosa viene a me mentre giaccio esanime nella foresta dei cedri, qualcosa di cui non conosco il senso. Non vedo più alberi né montagne, ma una pianura che si estende a perdita d'occhio, sino alla linea sfocata dell'orizzonte. È una pianura coltivata, campi e frutteti vi si alternano alle vaste superfici dei pascoli, eppure dovunque io volga lo sguardo non scorgo contadini né pastori, né buoi aggiogati a un carro o intenti a trascinare l'aratro, e nessun gregge punteggia del suo candore i prati solitari. È come se tutte le creature viventi, uomini e animali, avessero abbandonato questo luogo non lasciando dietro di sé che qualche orma impressa nel terreno, e qua e là un attrezzo posato ad arrugginire ai margini di un campo o un mucchio d'ossa che splendono bianche e fragili nella luce del meriggio.

Osservando meglio mi accorgo che nei frutteti le foglie pendono rinsecchite dai rami, che le spighe si afflosciano sugli steli senza trovare la forza di risollevarsi. Persino l'erba ha smarrito il suo colore: non è più verde, ma di un bruno giallastro, e cresce ispida e pungente come gli aculei del porcospino. E dovunque io volga lo sguardo, sino alla linea remota dell'orizzonte, non una pianta rigogliosa, non una goccia di linfa che scorra nel fine reticolo delle foglie.

Anche il terreno è riarso, venato di crepe sottili: somiglia al volto rugoso di un vecchio da cui la vita si stia lentamente ritraendo. Ma oltre a queste minute fenditure posso distinguere solchi più lunghi e profondi, dove ancora ristagna qualche pozza putrescente a rammentare la presenza di fiumi e di canali.

A un tratto, nel silenzio che mi circonda, odo un suono cupo e cadenzato, nel quale non tardo a riconoscere un calpestio di zoccoli. Si fa sempre più forte, sempre più vicino, echeggia con crudele nettezza sotto la volta immobile del cielo. Ed ecco, ora lo vedo: è un grande toro dalle corna scintillanti, dal manto lucido e nero che lascia trasparire il gioco poderoso dei muscoli. Viene verso di me percorrendo al galoppo i campi deserti, e alte nubi di polvere si sollevano al suo passaggio oscurando il sole.

XVIII

Quando aprì gli occhi Gilgamesh vide davanti a sé il volto dell'amico. Gli aveva rialzato il capo appoggiandolo al proprio grembo e fissava su di lui uno sguardo turbato. Ora, vedendolo rinvenire, Enkidu accennò un sorriso, ma Gilgamesh non fu in grado di ricambiarlo, sconvolto com'era dalle immagini funeste che gli erano apparse nel deliquio.

Rimase per un poco in silenzio, ascoltando il brusio della foresta che si era fatto di nuovo quieto e sommesso, quasi dolce nel monotono intrecciarsi delle sue voci.

«Va', Enkidu, torna da loro» disse infine movendo appena le labbra, «torna a quella vita selvaggia e innocente cui ti ho strappato. Sei ancora in tempo, non è troppo tardi.»

A quelle parole Enkidu distolse lo sguardo. «È troppo tardi, invece: per me come per te. Lo dicesti tu stesso, non ha pace chi non porta a compimento l'opera iniziata, e smarriti come siamo nella foresta, senza abbattere i cedri non sapremmo più trovare la via del ritorno.»

«La via del ritorno...» ripeté Gilgamesh pensieroso. «Temo che sia smarrita irrimediabilmente, per te come per me. Forse hai ragione, forse non ci resta altro da fare che portare a compimento l'opera iniziata. Se nei nostri cuori c'è la paura, gettiamo dunque via la paura, impugniamo la scure e torniamo ad attaccare. Vedi? Ormai mi sono riavuto del tutto dalla mia debolezza.»

Detto questo, Gilgamesh si alzò e vacillando leggermente si chinò a raccogliere la scure che era caduta a terra accanto a lui. Enkidu gli si avvicinò per aiutarlo, ma egli lo respinse con un gesto.

«Prendi la tua scure, piuttosto. Poiché a quanto pare ti ho trasformato in un uomo, dovresti essere ansioso anche tu di vedere il tuo nome inciso sulla pietra.»

E così ricominciarono a vibrare colpi, ad abbattere l'uno dopo l'altro i cedri dalle ampie chiome. Lavorarono per tutto il giorno, accaniti e silenziosi, senza badare al lamento che la foresta intonava di nuovo attorno a loro. Li confortavano gli squarci di cielo sempre più vasti, la luce sempre più chiara e generosa man mano che gli alberi si diradavano. Ogni volta che un cedro cadeva si udiva ancora quell'unica, terribile voce in cui parevano confluire tutti gli altri suoni, ma ogni volta più debole e fioca, ogni volta meno terribile, e i due uomini compresero che la foresta non era, come avevano creduto, la tana del gigante: era il gigante stesso, il suo corpo smisurato fatto di tronchi e di fronde.

Così continuarono per giorni e per settimane, smettendo di lavorare al tramonto e ricominciando all'alba, appena un cielo tinto di rosa si affacciava tra le sagome dei cedri abbattuti che nereggiavano al suolo come enormi fascine. Ormai non provavano alcun terrore quando calava la tenebra, poiché scorgevano le migliaia di stelle infisse nella cupola celeste e la barca del dio luna che navigava adagio inviando quaggiù il puro argento dei suoi raggi. Ma se Gilgamesh poteva infine assaporare le benedizioni della notte e dormiva profondamente senza che nessun sogno venisse ad angustiarlo, adesso era Enkidu a sperimentare i tormenti dell'insonnia. Il mormorio della foresta, prima tanto carezzevole, lo ridestava bruscamente dai suoi sopori, lo perseguitava come un rimprovero ostinato durante le lunghe veglie al fianco dell'amico.

Così continuarono per giorni e per settimane, e i cedri rovinavano al suolo l'uno dopo l'altro. Ma quando Gilgamesh vibrò la scure contro l'ultimo cedro, per l'ultima volta tornò a risonare la voce del gigante, ormai ridotta a un gemito flebile e disperato:

«Risparmiami, Gilgamesh. Risparmiami, e sarò il tuo servitore.»

Ora la voce proveniva da un punto preciso, da quell'unico cedro superstite che sotto lo sguardo attonito dei due eroi prese a mutare forma serrando i rami al tronco come mani giunte in preghiera, lasciando affiorare a poco a poco dalla corteccia i lineamenti di un grande volto contratto dalla sofferenza.

«Risparmiami, Gilgamesh» diceva la voce. «Io sarò il tuo schiavo, e tu sarai il mio signore. Con queste parti del mio corpo che ora giacciono a terra prive di vita costruirò per te il più splendido dei palazzi, e se vorrai apprenderò da te i costumi degli uomini, e se vorrai mi farò poeta per cantare le tue gesta durante i banchetti solenni.»

Impietosito da quelle suppliche, Gilgamesh posò la scure e si volse a guardare l'amico. «Che ne dici, Enkidu, non dovrei forse usare clemenza a chi è sconfitto? Non è bene contristare i vinti, né opprimere i prigionieri.»

Enkidu rispose: «Anche all'uccello prigioniero, se deperisce e smette di cantare, si aprono le porte della gabbia perché possa far ritorno al suo nido. Ma il nido di costui noi l'abbiamo distrutto: dove mai potrebbe tornare, se lo lasciassimo libero?».

«Lasciarlo libero? Non è questo il mio proposito, mi propongo invece di condurlo con noi alla città di Uruk.

Sarebbe uno splendido trofeo, e considera quanta gloria ce ne verrebbe.»

«Sì, Gilgamesh» intervenne il gigante nel più umile dei toni, «conducimi con te a Uruk, aggiogami al tuo carro di vincitore. Sono pronto a servirti in tutto, se mi risparmierai.»

Ma a quelle parole, che il re ascoltava compiaciuto, una sorda collera si impadronì del cuore di Enkidu; poi la collera si mutò in pietà e in un doloroso sentimento di simpatia, tanto egli sentiva affine alla propria la sorte di quel mostro soggiogato.

«Che aspetti, Gilgamesh?» disse a fatica, frenando le lacrime. «Non ha pace, lo sai, chi non porta a compimento l'opera iniziata, e non ha pace neppure chi rinnega se stesso facendo violenza alla propria natura.»

Raccolse da terra la scure di Gilgamesh, gliela porse, e non volle guardare mentre egli la sollevava per infliggere l'ultimo colpo, non volle ascoltare mentre la voce del gigante si spegneva in un singhiozzo soffocato e il cedro crollava a terra con uno schianto.

Ora un silenzio assoluto avvolgeva quello che era stato il paese del vivente, non si udiva né il verso di un animale né il ronzio di un insetto, le fronde dei cedri erano ridotte a un inerte groviglio, e persino il vento taceva, come disorientato. Silenziosi anch'essi, i due eroi rimasero a lungo l'uno di fronte all'altro, osservando il cedro abbattuto che stendeva fra loro l'intricata rovina dei suoi rami; poi, nello stesso istante, entrambi spinsero lo sguardo nelle lontananze che per tanto tempo la foresta aveva celato, e oltre i picchi aguzzi delle montagne, oltre il deserto con le sue onde di sabbia, dopo tanto tempo riuscirono a distinguere all'orizzonte la vasta, accogliente pianura dove sorgevano le dimore degli uomini.

Parte seconda

I

E di nuovo per le strade di Uruk si levarono canti di vittoria. Dai loro posti di guardia, le sentinelle che vigilavano le mura videro qualcosa galleggiare nel fiume. Sembrava una flotta di barche gigantesche, ma senza vele né sartiame, senza nocchieri né rematori che ne governassero la rotta. La corrente del fiume le sospingeva adagio verso la città, e quando furono più vicine le sentinelle videro che non si trattava di barche, ma di enormi tronchi d'albero, e videro che sulla riva, adeguando l'andatura al lento navigare dei tronchi, camminava un drappello di uomini: due davanti, così simili nella figura superba da sembrare l'uno l'immagine riflessa dell'altro, e i rimanenti più indietro, a qualche passo di distanza, e ancora più indietro venivano buoi e asini dalla greve soma e un cocchio d'oro trainato da sei cavalli. E quando ebbero veduto tutto ciò, le sentinelle lasciarono i loro posti di guardia e corsero per le vie di Uruk ad annunciare che il re era tornato portando con sé una ricca preda dal paese del vivente.

Per sei giorni e sei notti la città festeggiò il ritorno di Gilgamesh. Il primo giorno i mercanti chiusero le loro botteghe, gli artigiani lasciarono riposare i loro arnesi, persino agli schiavi fu concessa una tregua dalle fatiche quotidiane e tutti, indossate le vesti migliori, al calar del sole affluirono nel vasto spiazzo davanti alla reggia per assistere alla celebrazione di quel trionfo.

Inebriati dall'entusiasmo e dalla birra che oggi aveva colmato in abbondanza i loro bicchieri, i cittadini facevano cerchio intorno alla grande catasta di tronchi e molti, nonostante i moniti delle guardie, osarono persino allungare una mano per toccare il legno. E quando Gilgamesh apparve sulla soglia della reggia tra i due grandi leoni di pietra, sembrò che lo splendore delle torce divenisse più vivo. Levando grida di giubilo la folla si divise per fare ala al suo passaggio, ma Gilgamesh, invece di varcare la soglia, si volse verso l'interno della reggia e con un cenno chiamò Enkidu al suo fianco. Solo allora, trattenendo accanto a sé l'amico che istintivamente era arretrato alla vista di quel gioioso tumulto, il re parlò ai cittadini.

«Io, Gilgamesh, signore di Uruk, ho compiuto un'impresa che nessun uomo aveva mai osato, come un mantello mi sono gettato sulle spalle il mio eroismo e ho inciso il mio nome là dove non era mai stato scritto il nome di nessun uomo. Ma accanto al mio, sappiatelo, dovrà essere scritto per sempre il nome di Enkidu, del fratello amatissimo con cui ho diviso la gloria e i pericoli. Quando lasciai cadere la scure, fu lui a raccoglierla; cresciuto tra gli animali, nutrito dalle colline selvagge, fu lui ad aiutarmi a vincere i mille terrori della foresta e a portare a Uruk le spoglie del gigante ucciso. Sulle tavolette che tramanderanno il ricordo di questa impresa sino alle generazioni più lontane, il nome di Gilgamesh e quello di Enkidu saranno dunque incisi insieme, come due parti della stessa parola, e guai allo scriba temerario che menzionerà l'uno dimenticando l'altro.»

Questo discorso fu accolto con mormorii d'approvazione, e più volte il nome di Gilgamesh e quello di

Enkidu risonarono insieme nel cielo notturno come due parti della stessa parola. Ma in un angolo, custodito da guardie armate, un gruppo di giovani taceva a capo chino senza partecipare all'esultanza generale: erano i superstiti tra i figli della città, i dieci che avevano rifiutato di seguire il loro signore nella foresta e quelli che erano fuggiti ancor prima, durante la lenta ascensione delle montagne. Alcuni avevano fatto ritorno a Uruk, confidando che Gilgamesh sarebbe perito nella foresta e non avrebbe più potuto raggiungerli con il suo castigo; altri invece erano rimasti ad attenderlo in luogo sicuro e avevano poi aiutato i due eroi a trasportare attraverso il deserto i tronchi abbattuti. Anche gli asini, i buoi e i cavalli erano stati ritrovati, e persino il cocchio che giaceva rovesciato nella sabbia, le ruote d'oro offuscate da una coltre di polvere; e anche gli asini, i buoi e i cavalli avevano contribuito al trasporto dei tronchi, e anch'essi, tremanti fra le grida di scherno lanciate dalla folla al loro passaggio, erano stati condotti davanti alla reggia con i figli della città.

Ora tutti, uomini e animali, furono trascinati dalle guardie al cospetto del sovrano dove restarono a capo chino, contriti, in attesa che egli annunciasse la sua decisione.

Gilgamesh disse: «Dovrei mettervi a morte, eppure vi sono quasi grato di avermi volto le spalle nell'ora del bisogno. La vostra codardia, la vostra diserzione mi hanno procurato una gloria ancora più grande obbligandomi a sconfiggere il gigante da solo. Ma che dico, da solo? Con l'aiuto di Enkidu: del mio amico, di mio fratello, dell'altro me stesso. Sia dunque lui, che è rimasto sempre al mio fianco, a stabilire la sorte di chi mi ha abbandonato».

Enkidu non sembrò affatto rallegrarsi di quel privilegio. «Come potrei condannarli?» disse sotto gli sguardi stupiti della folla. «Quante volte, Gilgamesh, io stesso ti ho supplicato di tornare indietro, nel deserto, e poi sulle montagne, e poi quando percorrevamo gli oscuri cammini della foresta; quante volte sarei voluto fuggire lontano da te, mentre i cedri rovinavano al suolo l'uno dopo l'altro sotto i colpi furiosi della scure. E se non l'ho fatto, in ciò non vi è alcun merito né alcuna colpa: semplicemente, non ho potuto separarmi da te come non potrei separarmi dalla mia ombra, come non potrei strapparmi il cuore dal petto per non sentirne più i battiti tempestosi.»

«Perché parlare di colpa?» replicò accigliato Gilgamesh. «È un merito, invece, ai miei occhi e a quelli di tutti gli abitanti di Uruk. Comunque sia, vedo che i nostri giudizi coincidono: sia dunque fatta grazia ai figli della città e anche agli animali che sono fuggiti. Tornino alle loro case, alle loro stalle; abbiano in sorte luce, e non tenebra. D'ora innanzi però a quegli uomini non sarà più consentito di portare la lancia, né ai cavalli di trainare il cocchio regale.»

Così disse Gilgamesh, e le guardie condussero via i colpevoli graziati, e gli uomini tornarono alle loro case, gli animali alle loro stalle. Ma le parole pronunciate da Enkidu avevano spento il sorriso anche sulle labbra del sovrano e a lungo, mentre i festeggiamenti continuavano, egli rimase soprappensiero fissando la catasta dei cedri che si ergeva davanti a lui come una cupa montagna.

II

Così, in quella città d'argilla, ora abbondava il legname: mani esperte lo intagliarono per abbellire templi e palazzi, e Gilgamesh fece ricavare dai cedri porte alte e massicce per la sua reggia. Altre mani esperte, guidando pazientemente sulle tavole gli stili di canna, andavano intanto incidendo il racconto dell'impresa compiuta da Gilgamesh e da suo fratello Enkidu, e il re ordinò che una stele fosse sistemata nella camera dove dormivano entrambi. Ogni sera, prima di addormentarsi, lasciava scorrere lo sguardo su quei segni che racchiudevano la sua gloria e ne tramandavano il ricordo alle generazioni più lontane, ogni sera compitava i caratteri che formavano il suo nome e quello dell'amico, incisi l'uno accanto all'altro come due parti della stessa parola, registrati per sempre tra i nomi degli uomini famosi, e la lastra sottile che si levava nella penombra della camera gli sembrava un talismano potente, in grado di scacciare tutti gli incubi e persino di respingere dal suo capezzale quell'assidua, invisibile presenza che tanto l'aveva tormentato nelle notti trascorse.

Anche Enkidu osservava a lungo la stele dal letto di giunchi, specie quando Gilgamesh si era addormentato ed egli rimaneva a vegliare da solo. Allora, al debole lume della lucerna che rischiarava le sue notti o quando i primi bagliori dell'alba si insinuavano nella stanza strappandolo a un sopore irrequieto, fissava gli occhi sui simboli tracciati nell'argilla, dei quali il re gli aveva appreso il significato, ma nelle frasi che essi componevano stentava a riconoscere la realtà della propria avventura. Davvero poteva essere lui quell'Enkidu di cui si narrava lì sopra, quell'uomo risoluto, avido di gloria, ardito e cieco nel perseguimento dei suoi scopi? Quell'Enkidu non aveva ascoltato il mormorio nostalgico della foresta, o almeno, gli scribi non ne riportavano notizia; era penetrato nel paese del vivente al fianco di Gilgamesh calcandone i sentieri con lo stesso passo, un passo di conquistatore dinanzi al quale le montagne si aprivano, i mostri si sottomettevano, gli oscuri misteri si dissipavano come nebbia. Quell'Enkidu non avrebbe mai pronunciato la parola "colpa" mentre si celebrava la sua vittoria al cospetto di tutto il popolo, e non avrebbe trascorso notti insonni sentendo echeggiare nel silenzio il battito nitido e incessante di due scuri.

Tuttavia, per amore di Gilgamesh che l'aveva ispirata, egli si sforzava di corrispondere quanto più poteva all'Enkidu della stele, di seguirne l'esempio, di modellare sulle sue le proprie parole; solo a tratti lasciava trapelare di fronte all'amico l'inquietudine che lo dominava e ogni volta lo vedeva accigliarsi, come quella sera sulla soglia del palazzo. Ma ogni volta, sotto l'alta benda regale, la sua fronte si spianava subito, poiché nulla poteva offuscare la trionfante euforia di cui Gilgamesh era animato da quando aveva carpito la gloria nel paese del vivente.

«So che il più alto degli uomini, chiunque egli sia, non può raggiungere il cielo, e che il più grande non può abbracciare la terra. Io però ho stabilito il mio nome imprimendolo sulla pietra, come il destino aveva decretato.»

Così diceva, e gli occhi gli scintillavano come per effetto del vino. Eppure, sebbene egli si ostinasse a negarlo anche di fronte a se stesso, quel demone assiduo non aveva smesso di sedere al suo capezzale, incurante della stele d'argilla, della porta di cedro dagli stipiti maestosi, del vuoto esorcismo della gloria che Gilgamesh gli opponeva a ogni respiro; e non erano cessati nemmeno i sogni, ma allo sgomento che sinora gli avevano ispirato si mescolava adesso una strana, torbida esaltazione.

III

Qualcosa nella notte è venuto a me, qualcosa di cui non conosco il senso. Mi trovo in un luogo elevato, forse in cima a una collina, forse sulle mura di una città, e guardando verso il basso vedo un folto, sterminato canneto che si estende a perdita d'occhio, sino all'orizzonte. Ma non è un canneto: osservando meglio mi rendo conto che quell'irta massa drizzata contro il cielo è composta dalle lance di migliaia di uomini che marciano spalla a spalla nella pianura calpestando i pascoli, dilagando come un'onda di piena sui campi coltivati.

Dappertutto, dove giunge l'orda guerriera, le vanghe giacciono abbandonate nei campi, vuoti sono i recinti che un tempo custodivano le greggi, e gli animali selvatici fuggono in ogni direzione senza trovare un rifugio. Nessuno tra gli uomini osa più affrontare le strade: rintanati dietro le mura delle città in rovina, si domandano quando verrà infine il giorno in cui gli dèi avranno compassione e porranno termine ai loro mali dicendo "basta".

Ma gli dèi non dicono "basta", e l'orda guerriera continua ad incalzare. Nell'ombra dei palazzi devastati vedo gli scribi inciderne le gesta sulle tavolette con mano tremante. Dapprima riesco a leggere quelle righe e vi scopro i nomi di re e condottieri, di città famose, di regioni familiari; poi però la scrittura si fa indecifrabile. È un altro alfabeto, forse un'altra lingua quella in cui gli scribi seguitano a comporre la loro cronaca di morte, e mi sono appena abituato a distinguerne i caratteri che essi mutano di nuovo, e poi di nuovo, in una successione vertiginosa.

Anche là fuori, nella campagna distrutta, l'aspetto dei guerrieri continua a mutare: ormai non riconosco più la foggia delle loro vesti né le armi che imbracciano, strane, lunghe canne forgiate in un metallo ignoto, dalle quali si levano a tratti con fragore corrusche nuvole di polvere. E grossi carri chiusi, non trainati da nessun animale, percorrono rombando le strade dove un tempo scivolavano gli agili cocchi dei sovrani, e le nubi corrusche si fanno sempre più fitte e numerose, sempre più veloci le mani degli scribi che premono gli stili sulla morbida superficie d'argilla.

Intanto dalle città in rovina continua a risonare l'alto lamento degli sconfitti: parole straniere, rivolte a straniere divinità, perché infine dicano "basta" e pongano un termine alle loro sventure.

IV

Quando Gilgamesh, il grande re, uscì dal lavacro, le schiave gli unsero il corpo con unguenti odorosi, gli fecero indossare una veste pulita, ravviarono a lungo i suoi capelli e la ricca barba inanellata che ricadeva a raggiera sul petto; poi gli avvolsero intorno al capo la benda, simbolo del potere sovrano, e intanto lusingavano la sua vanità con parole di miele.

«Si vede bene, signore, che per due terzi appartieni alla stirpe degli dèi e solo per un terzo a quella di noi mortali. Sei il più glorioso tra gli eroi, il più eminente tra i re, e la tua bellezza è così perfetta che la stessa Inanna, se vi posasse gli occhi, ne resterebbe innamorata. A te, signore, e soltanto a te, fu concesso di essere luce e tenebra agli altri uomini, fu concessa supremazia su tutto il popolo e vittoria nella battaglia cui nessun fuggiasco scampa, nelle scorrerie e negli assalti da cui non si torna indietro. Chi dunque potrebbe starti alla pari, tra quanti respirano sulla terra?»

Così dicevano le ancelle e le loro parole suonavano dolci come carezze all'orecchio di Gilgamesh, mentre i vapori del bagno gli infondevano alle membra una piacevole spossatezza. Ma quelle voci flautate, quell'atmosfera umida e impregnata di profumi, finirono con il frastornarlo ed egli, congedate le schiave con un cenno, salì su una terrazza della reggia in cerca di refrigerio e di solitudine.

Era l'ora del crepuscolo, la città ai suoi piedi era già immersa nell'ombra, ma sulla terrazza si riversava ancora una luce calda e mite e le piante stormivano leggermente, sfiorate dalle caute dita della brezza. Seduto su un divano di giunchi, il busto reclinato sui cuscini, Gilgamesh non sapeva se resistere o abbandonarsi al languore che lo pervadeva. Teneva gli occhi socchiusi, e vaghe visioni di gloria gli scorrevano sotto le palpebre.

A un tratto però, mentre così sedeva, gli parve di udire vicino a sé un movimento, come un frullare di ali, e aprendo gli occhi vide che due colombi erano venuti a posarsi sul parapetto proprio davanti a lui. Erano di un grigio azzurrognolo, che nella luce cangiante ricordava ora il colore dell'argento, ora quello profondo del lapislazzuli, e stavano l'uno di fronte all'altro, immobili, becco contro becco. Sollevando il busto Gilgamesh allungò una mano verso di loro, ma i colombi non fuggirono. Becco contro becco, emettevano un suono liquido e strascicato simile al gorgoglio di una fontana, e le loro gole brillavano di riflessi iridescenti.

Osservandoli meglio Gilgamesh notò che i due colombi avevano le ali tarpate, e si domandò come fossero giunti fin lì. Non aveva ancora trovato una risposta che udì di nuovo quel rumore lieve e frusciante, questa volta alle sue spalle, e girandosi vide sul parapetto una seconda coppia di colombi, immobili, becco contro becco, le gole vibranti dello stesso liquido gorgoglio. E dopo quella seconda coppia ne giunse una terza, poi una quarta, poi una quinta, senza che il re riuscisse mai a sorprenderle in volo: sentiva soltanto il frullare delle ali, e quando si girava li trovava già posati sul parapetto, e quando ne osservava le ali scopriva ogni volta che erano tarpate.

Ormai formavano intorno a lui un cerchio compatto. Inquieto, Gilgamesh agitò le braccia per metterli in fuga, ma quelli non si mossero. Li si sarebbe detti di pietra, non fosse stato per il verso gorgogliante che continuava a levarsi dalle loro gole e per il fremito quasi impercettibile delle penne al tocco della brezza.

Anche il re rimaneva immobile, contemplando assorto quello spettacolo. All'improvviso però udì una voce mormorare il suo nome.

«Gilgamesh» disse la voce, liquida e carezzevole come quella dei colombi. «Guardami, Gilgamesh.»

E Gilgamesh guardò, volgendo il capo non di scatto, ma adagio e con circospezione, poiché un subitaneo terrore lo aveva afferrato al suono di quella voce. Guardò, e accanto al parapetto vide una figura di donna che protendeva le braccia verso di lui in un gesto morbido e invitante. Dal bel volto atteggiato al sorriso emanava una luce azzurrina, simile all'alone che circonda l'astro della notte.

«Chi sei?» disse Gilgamesh balzando in piedi, ma aveva appena pronunciato quelle parole e già la risposta gli lampeggiava nella mente, benché la donna non avesse aperto bocca e continuasse a fissarlo in silenzio. Solo dopo qualche istante parlò di nuovo.

«Avvicinati, Gilgamesh, accostati a me senza timore.»

E Gilgamesh, vincendo con uno sforzo il tremito che l'aveva assalito, si accostò alla dea Inanna; le andò così vicino che gli sarebbe bastato sollevare una mano per toccarla, così vicino che il fulgore ultraterreno irradiato dalla sua persona lo abbacinò costringendolo a chiudere gli occhi. A poco a poco però si abituò a quella luce, e osò riaprire gli occhi per fissarli sulla dea. Ora, osservandola meglio, scorse qualche filo bianco nell'onda nera e lucente dei capelli, qualche ruga sottile sulla fronte, e un velo di stanchezza che le offuscava lo sguardo. Allora è vero, pensò: anche gli immortali vanno incontro alla vecchiaia, anche in loro si annida il seme del declino. E a quel pensiero la tristezza si impadronì del suo cuore.

Inanna lo attirò accanto a sé sul divano. «Gilgamesh» disse piano cingendogli il capo con le braccia, «tu sei il più glorioso tra gli eroi, il più eminente tra i re, e la bellezza del tuo corpo è così perfetta che io stessa, posandovi gli occhi, ne sono rimasta innamorata. Vieni dunque a me, Gilgamesh, e sii il mio sposo: ti condurrò nel giardino degli dèi, dove il sole si leva. Là gli alberi hanno fusti d'argento e foglie di azzurro lapislazzuli, e dai rami non pendono frutti, ma gemme incorruttibili; là, Gilgamesh, non esiste il dolore, e non si conosce la dura vicenda delle stagioni.»

Egli l'ascoltava meravigliato. Non sapeva se resistere o abbandonarsi al languore che lo avvinceva, sempre più dolce e travolgente ad ogni parola pronunciata dalla dea.

«Là, in quel giardino eterno, costruirò per te una casa con mattoni che non si sgretolano, e quando varcherai la soglia ti accoglierà il profumo inebriante del legno di cedro. Ti accoglierò io stessa, Gilgamesh, deponendo ai tuoi piedi la mia potenza. Guardami: sono io a far germogliare il grano, a far figliare le greggi, è la mia mano a plasmare lentamente il bambino nel ventre della madre. Tutto ciò che cresce, tutto ciò che vive mi appartiene, e quando sorge il desiderio nel petto di un uomo, è desiderio di me, e quando due amanti si incontrano di notte sono io a guidare i loro passi sino al luogo del convegno.»

Stordito dalla sua melodiosa cantilena, avvolto nello sfarfallio azzurro della sua luce, il re la contemplava. Ora quei segni di declino che aveva creduto di scorgere erano scomparsi e la bellezza di Inanna appariva perfetta, sottratta al tempo come l'immutabile vegetazione che ornava il giardino degli dèi.

«E questa bellezza, Gilgamesh» disse Inanna come se egli avesse espresso a voce alta i propri pensieri, «questa bellezza perfetta e immutabile ti apparterrà per sempre, se sarai il mio sposo.»

«Per sempre?» ripeté lui guardandola fisso. «Puoi promettermelo davvero? Si dice che il "per sempre" sia riservato agli dèi, mentre noi abbiamo giorni brevi come un soffio di vento. Sarei dunque un dio, se divenissi il tuo sposo?»

A tali parole Inanna distolse gli occhi. «Non è questa, Gilgamesh, la parte che ti fu assegnata.»

«Non è questa, lo so. La sovranità è il mio destino: supremazia sul popolo, vittoria nella battaglia cui nessun fuggiasco scampa, essere luce e tenebra per gli altri uomini. Ma una vita che duri in eterno non è il mio destino.»

«Rassegnati, Gilgamesh» replicò Inanna passandogli una mano sulla fronte. «A un uomo soltanto gli dèi concessero di evitare la morte: Ziusudra, il superstite del diluvio, che presero con sé e posero a vivere nell'isola del paradiso. Perciò gli altri uomini lo chiamano il Lontano, perché abita agli estremi confini del mondo, ma più ancora per la sua immortalità che è lontana e irraggiungibile quanto i vaghi miraggi del deserto.»

«È così, una vita che duri in eterno non può essere il mio destino. A che mi gioverebbe dunque sapere come germoglia il grano, come figliano le greggi, quale forza trascina gli amanti al luogo del convegno? A che mi gioverebbe possedere la tua bellezza, se nemmeno tu puoi scacciare il demone assiduo e paziente che attende di ghermirmi? I nostri cammini non si incontrano, Inanna: lascia che io continui a seguire il mio.»

«I nostri cammini non si incontrano, dici? Eppure, Gilgamesh, anch'io ho conosciuto quel demone pronto a ghermire. Il cielo mi cinge il capo come una corona, la terra è come un sandalo allacciato al mio piede, eppure anch'io ho conosciuto la morte. Posami la testa sul grembo, chiudi gli occhi e ascolta; sarai il primo tra gli uomini a udirlo narrare dalle mie labbra.»

E Inanna cominciò a raccontare mentre Gilgamesh l'ascoltava ad occhi chiusi, la testa posata sul suo grembo, e i colombi levavano intorno a loro un gorgoglio lamentoso.

V

Su tutta la terra si estendeva da sempre il mio dominio, raccontò Inanna, e nessuno vi si poteva sottrarre neppure tra i beati abitanti del cielo. Solo negli inferi esso non era mai penetrato: i freddi cuori di polvere rimanevano inerti, restii ad accogliere i miei sacri fervori. Una simile eccezione, come puoi ben capire, mi indispettiva; mi indispettiva a tal punto, che un giorno decisi di recarmi io stessa laggiù per costringere all'obbedienza i sudditi riluttanti. Tu mi vedi, Gilgamesh, e forse non ti sembrerà follia che pensassi di poter scuotere dal torpore che li imprigionava persino gli abitanti di quel mondo senza luce.

Indossai dunque tutti gli emblemi del mio potere, le vesti divine, l'anello d'oro e la collana di gemme; posi sul capo la corona, coprii il seno con il pettorale alla cui vista gli uomini tremano, mi gettai sulle spalle il mantello e infine impugnai lo scettro sottile al quale si piegano i cieli e le stelle, i semi delle creature e gli eserciti schierati in battaglia. Quindi scesi nella casa di polvere mentre da tutta la terra si levavano funebri lamenti, e i miei colombi languivano afflitti senza cercare la compagna, e nella grande sala degli dèi si batteva il tamburo per me come nei giorni di lutto.

Io però non mi curavo di questi segni, poiché ero certa di riportare la vittoria, e senza neppure guardarmi indietro scesi nella casa di polvere, nel cupo regno dal quale nessuno ha mai volto il passo.

La casa di polvere, l'avrai udito anche tu, è custodita nelle viscere di una montagna che sorge alta e spoglia là dove il sole tramonta; sette porte ne sbarrano l'accesso, e sette demoni guardiani vigilano su quelle porte, spaventosi a vedersi, con lunghi artigli pronti a ghermire e volti grigi come cenere, mai sfiorati da un raggio di luce. Giunta dunque all'ingresso della montagna chiamai il primo demone e gli comandai di togliere il chiavistello. Il demone obbedì, e quando la porta si aprì lo trovai ad attendermi sulla soglia; allora, Gilgamesh, sentii che le ginocchia mi cedevano; tuttavia seppi vincere la debolezza e avanzai verso di lui a passo risoluto. Ma nell'istante in cui varcavo la soglia, il demone protese su di me i suoi artigli e mi sfilò di mano lo scettro cui si piegano i semi e gli eserciti, i cieli e le stelle.

«Che significa?» domandai.

«Sono le leggi degli inferi, mia signora. I riti del paese senza ritorno.» Poi, con un cenno cortese, mi invitò a proseguire e mi guidò per gli scuri cunicoli della montagna, lasciandomi dinanzi alla seconda porta.

Qui chiamai il secondo demone, gli ordinai di togliere il chiavistello ed egli obbedì docilmente, proprio come il primo; ma mentre varcavo la soglia sentii a un tratto la testa farmisi leggera e mi accorsi di non avere più la corona regale. Di nuovo chiesi spiegazioni, e di nuovo il demone mi rispose che tali erano le leggi degli inferi, i riti del paese senza ritorno.

Che triste paese è mai quello, Gilgamesh! Oltrepassata la seconda porta, vidi schiudersi dinanzi a me la bassa volta di una caverna dove i morti si aggiravano afflitti come uccelli prigionieri. Sembravano davvero grossi uccelli, perché avevano il corpo coperto di piume e lunghe ali grigie che vagando trascinavano nella polvere. Sembravano uccelli, ma non un suono usciva dalle loro gole, e solo il fruscio delle penne scalfiva il tetro silenzio che regnava in quella grotta.

Alla terza porta mi fu tolto il manto dalle spalle e io fui colta da un brivido di freddo, ma proseguii il cammino mentre i battenti si richiudevano dietro di me.

Così passai di caverna in caverna, e in ogni caverna vedevo quelle ombre che vagavano inquiete tra le buie pareti di roccia oppure sedevano a terra soggiogate dall'inerzia, le ali afflosciate come vele nella bonaccia. Passai di porta in porta, e ad ogni porta venivo spogliata di qualcosa: mi fu tolto il pettorale lucente la cui vista turba il cuore degli uomini, mi fu sfilato dal dito l'anello d'oro e dal collo il monile di gemme. E quando varcai la settima porta, il demone mi strappò di dosso le vesti e io mi ritrovai nuda e tremante dinanzi alla regina degli inferi.

Allora, Gilgamesh, anch'io conobbi la morte. Spogliata della potenza divina, non potei sostenere lo sguardo che la regina mi rivolgeva dal suo trono di tenebre: sotto quello sguardo sentii le forze abbandonarmi, le membra sciogliersi, i sensi offuscarsi come se un'acqua limacciosa ne avesse velato a un tratto la limpidezza; sentii il richiamo terribile dell'annientamento farsi strada in me travolgendo ogni resistenza, e quasi con sollievo seguii quel richiamo lasciandomi cadere a terra tra le risa di scherno dei demoni.

Ero morta, Gilgamesh, morta davvero. Sulla terra le greggi smisero di figliare, il grano di germogliare, gli amanti di cercarsi a vicenda nella notte, mentre in cielo rullava incessante il tamburo del lutto. Tutte le città del mondo intonarono allora una cupa lamentazione, quasi che un'orda nemica le avesse devastate riducendole a rovine, e i signori vestivano i panni laceri dei mendicanti, e i re si prostravano nella polvere. Ma la dea degli inferi, la regina dalle labbra nere, sedeva imperturbabile nella sala sotterranea e io giacevo a terra dinanzi a lei, prigioniera del suo sguardo.

VI

Gilgamesh spalancò gli occhi sulla dea. «Le greggi però hanno ripreso a figliare, il grano germoglia ogni anno, e nell'oscurità gli amanti si cercano di nuovo. Dal paese senza ritorno sei dunque riuscita a tornare, non hai conosciuto quella morte che dura per sempre.»

«E come poteva durare per sempre?» replicò Inanna piegando al sorriso la bocca perfetta. «L'ordine che regola il mondo doveva pur essere ristabilito, la stessa regina degli inferi finì col convincersene. Ma sono vicende remote, Gilgamesh, è inutile parlarne ancora.»

«Hai ragione, è inutile parlarne ancora. La tua morte, la morte che affermi di aver conosciuto, paragonata alla nostra è come un gioco di bambini.»

Inanna tacque. Sottraendosi al suo abbraccio Gilgamesh si levò a sedere e rimase anch'egli in silenzio, il volto annuvolato dall'ira.

«Non vi è serietà, Inanna, nelle tue parole» disse poi a bassa voce. «Il tuo amore è un braciere spento, una stuoia di canne che non ripara dal gelo, una porta che non respinge né vento né tempesta. Persino ai colombi hai tarpato le ali e ora ti seguono tristemente, senza poter spiccare il volo. Credimi, l'affetto di mio fratello Enkidu mi è più prezioso di tutti i volubili favori che mi hai promesso.»

A quelle parole la dea si alzò, sovrastandolo con la sua altera figura. La luce in cui era avvolta aveva mutato colore, a quell'azzurro, voluttuoso luccichio si era sostituito il bagliore scarlatto di colei che distribuisce le sorti sul campo di battaglia, e il pettorale che le copriva il seno ardeva come una vampa di fuoco.

«Guardati da me, Gilgamesh. Guardati dalla mia collera» disse in un tono così tagliente che i colombi, spaventati, batterono le ali nel vano tentativo di prendere il volo. «I tuoi giorni, i giorni del tuo amico, sono brevi come un soffio di vento, la vostra gloria è un nulla, un nulla quella che chiamate felicità. Eppure sei così gonfio del tuo orgoglio di uomo che osi starmi dinanzi senza giungere le mani al petto.»

«Giungerò le mani al petto, se così comandi. Tu però, Inanna, non schernire il mio orgoglio di uomo: con Enkidu non ho forse sconfitto il gigante nella foresta dei cedri? Non abbiamo forse inciso i nostri nomi sulla pietra perché siano tramandati alle più lontane generazioni?»

A queste parole Inanna non rispose. Si avvicinò al re e, mentre lui la guardava spaventato trattenendo il respiro, con un gesto lento gli passò le mani sugli occhi. «Sei cieco, Gilgamesh» mormorò, e il suo tono era di nuovo dolce e suadente, ma pervaso di disprezzo, venato di una sottile irrisione. «Sei cieco» ripeté; e davvero per un istante Gilgamesh non vide più nulla, come se il tocco di quelle mani avesse cancellato il mondo non lasciando al suo posto che una nera oscurità.

Quando l'oscurità si dissipò ed egli poté guardarsi intorno, scoprì di essere rimasto solo. Inanna era scomparsa, e neppure un colombo stava più appollaiato sull'alto parapetto d'argilla.

Turbato, Gilgamesh sentì il desiderio di raggiungere Enkidu, di trovare conforto nella sua vicinanza.

Lasciò dunque la terrazza imboccando la scalinata che conduceva alle stanze della reggia, ma mentre scendeva i gradini udì ancora una volta alle sue spalle la voce della dea:

«Uno dei due dovrà morire» scandì la voce.

Il piede sul gradino, Gilgamesh si fermò e tornò a guardare verso la terrazza deserta. Poi riprese a scendere più lentamente, inseguito dall'eco di quelle parole.

VII

Il mattino dopo, allo spuntare dell'alba, un suono cupo e cadenzato richiamò l'attenzione delle sentinelle che vigilavano le mura. Si affacciarono, guardarono, e videro galoppare per la campagna un grande toro dalle corna scintillanti, dal manto lucido e nero che lasciava trasparire il gioco poderoso dei muscoli. La sua corsa disegnava cerchi perfetti intorno alla città immersa nel sonno, e il battito degli zoccoli risonava con crudele nettezza.

Sconcertate, le sentinelle rimasero a osservarlo lanciandosi grida di all'erta dai posti di guardia. Il sole si levava sempre più alto, la vaga luminosità dell'alba si era mutata nell'oro di un giorno sereno, e ancora quel galoppo non si placava, ancora quel toro infuriato descriveva i suoi cerchi intorno alla città, come sospinto da una forza inesauribile. Nubi di polvere si sollevavano al suo passaggio avvolgendo a poco a poco tutta Uruk in una foschia caliginosa, e le guardie non osavano neppure aprire le porte, tanto le intimoriva la vista di quel nero animale.

Alle loro spalle, nel frattempo, la città andava ridestandosi: artigiani e mercanti disserravano gli usci delle botteghe, le donne si recavano ai pozzi per attingere acqua, e nei vicoli sinora tranquilli cominciavano a serpeggiare le prime, deboli correnti di vita.

Man mano che uscivano per strada gli abitanti di Uruk si accorgevano che quel giorno l'aria era stranamente torbida, velata, come se il vento avesse sospinto fin lì la sabbia del deserto; ma non c'era vento, neppure l'alito più tenue scoteva la fissità del cielo.

Tendendo l'orecchio udirono in lontananza le grida che le sentinelle si lanciavano dai posti di guardia. Allora si affrettarono a salire a loro volta sulle mura, e quanto più la mattina si inoltrava, tanto più numerosa era la folla che gremiva i bastioni d'argilla, tanto più inquieti gli abitanti si sporgevano a guardare il toro che, nero astro corrucciato, seguitava a descrivere le sue orbite intorno alla città.

Infine, richiamati dall'agitazione generale, anche Enkidu e Gilgamesh salirono sulle mura, e tutti si volsero verso di loro, verso i due eroi che già avevano sconfitto il gigante nella foresta dei cedri e che certo avrebbero saputo affrontare con pari ardimento quel nuovo, inatteso flagello. Ma Gilgamesh impallidì quando i suoi occhi si posarono sul toro, e lo fissò senza dire una parola mentre Enkidu scrutava preoccupato ora l'amico, ora il nero galoppo dell'animale. Anche la folla, che sino ad allora si era scambiata a voce alta le più svariate congetture, si fece silenziosa, e il pallore del re si diffuse a poco a poco su tutti i volti, come per contagio.

Quel giorno a Uruk nessuna merce fu comprata o venduta, gli arnesi giacevano abbandonati sui banchi delle botteghe, e dai focolari spenti non si levavano i consueti, festosi pennacchi di fumo. Le spesse porte di cedro della città erano chiuse e sbarrate come durante un assedio, ma nessuno ebbe motivo di lamentarsene perché la campagna, fin dove arrivava lo sguardo, appariva deserta, non un carro né un asino dalla greve soma percorreva le strade avvolte nella polvere, e quanto agli abitanti di Uruk, chi mai si sarebbe avventurato fuori sfidando il toro infuriato?

Muti e tremanti, rimasero fino a sera sulle mura, il povero accanto al ricco, il padrone accanto allo schiavo. Persino i sacerdoti dimenticarono di bruciare l'incenso e di celebrare nei templi i riti prescritti: mescolati alla folla, seguivano smarriti il galoppo incessante del toro. Infine però si rammentarono di Inanna, signora e protettrice della città, e suggerirono al re di offrirle un sacrificio per implorare il suo aiuto in quel frangente.

Ma Gilgamesh disse: «Risparmiate il vostro grano e le vostre pecore, non sprecate inutilmente i tesori del tempio».

«Pensi dunque che la città sia al sicuro? Che il nero galoppo di quel toro non racchiuda un pericolo per tutti noi? Guarda come le spighe si piegano sotto i suoi zoccoli senza più risollevarsi, guarda come l'erba dei pascoli va perdendo il suo colore.»

Gilgamesh guardò. Attraverso il velo di polvere che avvolgeva la campagna vide le spighe afflosciate sugli steli, vide l'erba stendersi sul terreno come una logora stuoia giallastra, e le immagini di un sogno riaffiorarono vagamente alla sua memoria. Ma di nuovo disse ai sacerdoti: «Risparmiate il vostro grano e le vostre pecore. Inanna, sappiatelo, ha voltato le spalle a questa città: ormai è la nemica di Uruk, non la sua protettrice».

Poi con un cenno allontanò i sacerdoti e chiamò a sé Enkidu, traendosi in disparte dalla folla che a tali parole aveva rivolto verso di lui uno sguardo disorientato, e così, l'uno accanto all'altro, affacciati al bastione d'argilla, i due eroi rimasero a osservare il toro che tracciava inesausto i suoi cerchi polverosi intorno alla città, finché la notte calò e quella nera figura sparì a poco a poco, confondendosi nelle tenebre.

VIII

Il giorno seguente, di primo mattino, gli abitanti di Uruk erano di nuovo sulle mura. La polvere si era posata e il grande toro nero aveva smesso di correre: lo videro in riva al fiume, immobile, il muso immerso nell'acqua. E mentre il toro beveva, sorso dopo sorso videro il fiume farsi sempre più stretto scoprendo l'alveo petroso, e nel fitto reticolo di canali che attraversava la campagna videro il livello dell'acqua calare; il toro continuava a bere, il fiume continuava ad assottigliarsi riducendosi a una tenue vena azzurrina, finché si prosciugò del tutto, e il toro sollevò la testa per lanciare agli attoniti cittadini uno sguardo di sfida.

Ma nessuno di loro osò rispondere a quella sfida: muti e tremanti, restarono asserragliati entro la cinta delle mura mentre il toro seguitava a vagare per la campagna un tempo fertile, ora ridotta a una distesa riarsa dove solo qualche pozza stagnante rammentava a tratti la presenza del fiume e dei canali. Le donne, munite di brocche e di vasi, si precipitarono alle fontane per contendersi le ultime gocce d'acqua, e dall'alto dei bastioni gli uomini osservavano con aria grave le ricche messi che inaridivano sotto i loro occhi.

Così trascorsero i giorni, senza che il toro accennasse a togliere il suo assedio. Ormai non vi era più una fontana che gettasse acqua, un pozzo che non fosse asciutto, e nelle case, quando le famiglie si riunivano per i pasti, i bicchieri venivano riempiti con parsimonia, vuotati con la consapevole lentezza di chi sorseggia una bevanda rara. Nei giardini un tempo ombrosi, dove le fronde si diradavano sempre più sulle piante stremate dalla sete, il sole dardeggiava una luce cruda che respingeva uomini e animali, e nessuno passeggiava sui viali roventi o sedeva a conversare sotto le chiome sparute degli alberi. E tutt'intorno, nella campagna abbandonata, l'erba ingialliva, le spighe si curvavano sugli steli, le foglie ormai secche pendevano tristemente dai rami dei frutteti. Dopo qualche tempo la terra cominciò a segnarsi di crepe sottili, simile al volto di un vecchio da cui la vita stesse lentamente ritraendosi, mentre i cittadini di Uruk si scambiavano sguardi costernati domandandosi quando gli dèi si sarebbero infine decisi a dire "basta" e a porre un termine a quella calamità.

Ma gli dèi non dissero "basta". Il cielo, giallo e senza nubi, rifletteva come uno specchio l'arida desolazione della terra, quasi che la vita si fosse ritirata anche di lassù e in tutto il mondo non fosse rimasto nulla, non una goccia d'acqua, non un alito di brezza: soltanto polvere e sete, e l'eco di quel galoppo che gravava ostinata su tutte le cose.

Ogni giorno Gilgamesh saliva più volte sulle mura accompagnato da Enkidu, e il popolo si assiepava speranzoso intorno ai due eroi come il gregge intorno al pastore. Ma neppure loro, che avevano sconfitto il gigante nel paese dei cedri e inciso il proprio nome sulle tavolette, sembravano trovare il coraggio di uscire dalla città per affrontare quella bestia terribile. «È la collera di Inanna» mormorava il sovrano, sottovoce, in modo che la folla non potesse udirlo; altro però non aggiungeva, nemmeno quando si trovava solo con Enkidu e l'amico lo supplicava di confidargli ciò che sapeva, di dividere con lui la pena che nascondeva nel cuore.

«È la collera di Inanna» si limitava a ripetere, e Enkidu, scoraggiato, non insisteva oltre con le domande, ma la parola "colpa", che aveva appreso da quando viveva tra gli uomini, gli martellava senza tregua nella mente e le sue sillabe lo perseguitavano come un battito cadenzato di zoccoli, come i tonfi incessanti prodotti da una coppia di scuri.

«Insegnami che cos'è il castigo» chiese un giorno a Gilgamesh mentre osservavano il toro galoppare nella campagna morente.

«Il castigo?» disse Gilgamesh stupito. «È ciò che il superiore infligge all'inferiore quando questi si macchia di qualche colpa. Così, vedi, il maestro punisce con lo scudiscio l'allievo neghittoso, così il padre corregge il figlio ribelle e il padrone lo schiavo indisciplinato.»

«E i sovrani possono castigare i propri sudditi?»

«Certamente, Enkidu: per questo si dice di loro che sono luce e tenebra agli altri uomini. Così io, quando facemmo ritorno dal paese del vivente, avrei potuto castigare i figli della città che ci avevano voltato le spalle dinanzi alla foresta, perché a me fu destinato il comando e a loro l'obbedienza, ed è una legge inviolabile, guai a chi osa trasgredirla.»

«Che il superiore deve comandare e l'inferiore obbedire? È questa la legge?»

«Appunto: vedo che afferri con prontezza il senso del mio ragionamento.»

«E come i re castigano i sudditi» continuò Enkidu guardando negli occhi il suo amico, «e i padri i figli, e i padroni gli schiavi, così anche gli dèi possono castigare gli uomini? Intendi questo, quando parli della collera di Inanna?»

Gilgamesh tacque a lungo. «Sei uno scolaro troppo pronto» rispose quindi con un sorriso forzato, «bada che il tuo maestro non se ne abbia a male. Non dico che tu abbia sbagliato nell'interpretare le mie parole...»

«Io interpreto le tue azioni, Gilgamesh, non le tue parole. Perché altrimenti rimarresti qui, trincerato dietro le mura d'argilla, mentre il toro si insignorisce della campagna mutandola in un deserto, mentre tutto il popolo di Uruk ti implora tacitamente di dire "basta" e di porre un termine alle sue sofferenze? Ma è giusto così, perché alla colpa deve seguire il castigo e l'inferiore deve piegarsi a chi gli è superiore: questo intendevi, ora lo vedo, quando parlavi della collera di Inanna.»

Il sangue affluì al volto del re accendendolo di una vampa improvvisa. «Sì, è la collera della dea, e ormai l'abbiamo conosciuta sino alla disperazione. Ma adesso, Enkidu, la dea non dovrà forse conoscere la collera di Gilgamesh? Troppo a lungo, mi pare, ho già chinato il capo dinanzi alla sua violenza, è tempo che io dica "basta" e ponga termine alle afflizioni del popolo.»

Udendo questo, Enkidu impallidì. «Che vorresti fare?»

«Ciò che tu stesso mi hai suggerito. Non un giorno di più rimarrò qui, trincerato dietro le mura d'argilla, mentre il toro si insignorisce della campagna mutandola in un deserto. Non abbiamo forse sconfitto il gigante nella buia foresta dei cedri, non abbiamo inciso la nostra gloria sulle tavolette? E poiché più volte ci siamo vantati che avremmo lasciato ai posteri un nome duraturo, ora andremo là fuori, dove il toro imperversa con i suoi zoccoli crepitanti e con il suo respiro di fuoco, e lo affronteremo, e io gli conficcherò la mia spada nella nuca. Ho detto "andremo", Enkidu, supponendo che tu voglia seguirmi; ma certo non ti biasimerei se scegliessi di restare qui, dietro l'alto riparo di queste mura.»

«Voglio seguirti, signore» rispose Enkidu, «non allontanarmi dal tuo fianco.»

Così rispose, ma la sua voce era incerta, e il suo sguardo sfiorava turbato la nera figura del toro.

IX

E di nuovo i due eroi si armarono, di nuovo varcarono insieme le mura sotto gli sguardi ansiosi della folla. Questa volta però non si levavano canti o grida d'entusiasmo nella città assetata, e nessun corteo li accompagnò lungo il cammino: muti di sgomento, gli abitanti rimasero sui bastioni a osservare il re e il suo favorito che attraversavano la campagna con incedere solenne, come sacerdoti diretti alla celebrazione di un sacrificio, e tuttavia sembravano ondeggiare leggermente a ogni passo, forse per la titubanza, forse perché storditi dai raggi ardenti del sole.

Anche i due amici mantenevano il silenzio, il cuore oppresso da cupi presagi. Quando avvistarono da lontano il grande toro nero si fermarono di colpo, scambiandosi uno sguardo, ma Gilgamesh posò una mano sul braccio di Enkidu e lo esortò a proseguire.

Lentamente si avvicinarono al toro, calcando la terra riarsa che scricchiolava sotto i loro piedi, e quanto più si avvicinavano, tanto più quell'animale appariva loro terribile e splendido con il suo manto lucente, i muscoli poderosi, le lunghe corna arcuate che sotto il sole scintillavano azzurre quasi fossero rivestite del più puro lapislazzuli. Entrambi si volgevano talora a guardare la città, sempre più remota, sempre più perduta nella fitta caligine che l'avvolgeva, domandandosi se ne avrebbero percorso di nuovo i vicoli ombrosi, se sarebbero mai stati accolti di nuovo entro il riparo di quelle mura. Ma nessuno dei due volle confidare all'altro simili pensieri: al contrario, ciascuno si sforzava di infondere coraggio all'amico con l'ostentare una completa sicurezza.

Ormai erano a breve distanza dal toro, che già aveva alzato il muso e li scrutava fremente di collera.

«Dividiamoci» disse allora Gilgamesh, «perché quella bestia non possa attaccarci insieme.»

E si divisero, avviandosi l'uno a destra e l'altro a sinistra, con le spade sguainate. Così, da direzioni opposte, ripresero ad avvicinarsi al loro nemico in una cauta manovra di accerchiamento.

Il toro continuava a spostare lo sguardo dall'uno all'altro, come indeciso su chi caricare per primo, e batteva lo zoccolo a terra suscitando vortici di polvere. Allora all'orecchio di Gilgamesh tornarono a risonare quelle ultime, minacciose parole pronunciate dalla dea: "Uno dei due dovrà morire", e si girò verso Enkidu per scoprire se anch'egli le avesse udite. Ma Enkidu non distoglieva gli occhi dal toro, quasi ne fosse affascinato, e il toro a sua volta, abbandonata ogni esitazione, ora fissava Enkidu puntando dritto verso di lui. Non aveva però un'aria ostile, come Gilgamesh notò stupito: le narici non fremevano più di collera, gli zoccoli si posavano al suolo con strana delicatezza, senza sollevare polvere. E quando furono l'uno di fronte all'altro e solo poche spanne li separavano, il toro si fermò, e si fermò anche Enkidu, la mano tremante sull'elsa della spada.

Rimasero così, immobili, l'uno di fronte all'altro, mentre da lontano il re li osservava sempre più disorientato. I grandi occhi bruni del toro incontrarono quelli di Enkidu, i grandi occhi bruni di Enkidu incontrarono quelli del toro, e fu un lungo, caldo sguardo di riconoscimento, come se due figli dello stesso popolo si fossero ritrovati in terra straniera.

Il timore era svanito dall'animo di Enkidu, sostituito da una pena profonda, da una tormentosa nostalgia, mentre gli pareva di sentire ancora il richiamo struggente e familiare che aveva echeggiato intorno a lui nella foresta dei cedri. Le lacrime gli inondarono il volto, con quel sapore salmastro che conosceva tanto bene da quando aveva lasciato le sue colline, e anche il toro adesso lo guardava tristemente, così tristemente che Enkidu non poté più reggere alla pena e singhiozzando gettò a terra la spada.

Allora udì la voce di Gilgamesh gridare il suo nome, le chiare, impietose sillabe del suo destino, e al suono di quella voce il toro si volse bruscamente puntando a testa bassa verso il re. Ma Enkidu ne arrestò subito lo slancio afferrando le corna arcuate, e tale era la forza delle sue braccia che riuscì a piegare sino a terra il collo possente dell'animale.

Restò così, inginocchiato accanto a lui, trattenendogli la testa nella presa più salda, mentre Gilgamesh accorreva con la spada in pugno. E quando li ebbe raggiunti, Gilgamesh sollevò la spada e con un colpo deciso l'affondò nella nuca del toro.

«Alzati, Enkidu» disse osservando il denso sangue nero che colava dalla ferita, «oggi abbiamo riportato una grande vittoria, il cui ricordo sarà tramandato alle generazioni più lontane.»

Ma Enkidu non si alzò. Continuava a tenere tra le mani la testa senza vita del toro e mescolava a quel sangue il gusto salmastro delle sue lacrime.

«Guarda» disse Gilgamesh: «le spighe si raddrizzano già sugli steli, e come dopo una lunga malattia le guance riprendono colore, così il verde dell'erba tenera torna a diffondersi nei prati. Tutto questo è opera nostra, fratello: tua e mia».

Ma Enkidu non rispose. Restava in ginocchio, accasciato su se stesso, stringendo la testa del toro morto in un abbraccio tenace.

«Guarda» disse Gilgamesh, «come l'acqua ha ripreso a scorrere nell'alveo petroso, come i canali si riempiono e tornano a vivificare la campagna con la loro linfa cristallina. Ora, Enkidu, tu e io scenderemo al fiume per lavare le nostre armi e le nostre mani dal sangue che abbiamo versato.»

E poiché Enkidu non si alzava, non rispondeva, ma rimaneva accasciato su se stesso vicino al grande corpo nero del toro, il re si chinò e con dolcezza tentò di sollevarlo. Allora Enkidu parlò, volgendo verso di lui il viso inondato di lacrime.

«Presto, fratello, molto presto, dovrò sedere sulla soglia dei morti. Solo pochi giorni, e questi occhi non ti vedranno mai più.»

X

Pallidi e cupi, i due eroi fecero ritorno in città trascinando con sé il corpo senza vita del toro. Ma appena li videro dai bastioni gli abitanti di Uruk proruppero in canti e grida di esultanza, sotto la volta celeste il nome di Gilgamesh e quello di Enkidu risonarono all'infinito, uniti l'uno all'altro come due parti della stessa parola.

«Gilgamesh» gridavano, «è il più glorioso fra gli eroi, il più eminente fra i sovrani. Lui ha sconfitto il gigante spaventoso nella foresta dei cedri, lui ha abbattuto il toro allontanando la sventura dalle nostre case. Ma subito dopo di lui viene Enkidu, il servitore del re, l'amico del re, il fratello del re.»

Così quando varcarono le mura i due si trovarono circondati da un corteo tripudiante che li scortò sino alla reggia osservando con compiaciuta ammirazione il grande corpo del toro, le lunghe corna simili a lapislazzuli, i muscoli inerti e irrigiditi di cui ancora si indovinava la forza sotto il lucido mantello nero.

«Guardate» disse Gilgamesh indicando alla folla l'amico che lo seguiva a capo chino. «Cresciuto tra gli animali, nutrito dalle colline selvagge, oggi costui ha allontanato la sventura dalle case degli uomini. Questa spada da sola non avrebbe potuto nulla, e io stesso sarei forse perito sotto gli zoccoli impetuosi del toro se mio fratello non mi avesse soccorso quando la rovina mi minacciava.»

A tali parole la folla attorniò Enkidu, ma egli non prestava ascolto alle lodi altisonanti che si levavano da tutte le gole: senza volgere lo sguardo, continuava a seguire il sovrano come un'ombra sconsolata.

Gilgamesh notava tutto ciò, eppure si fingeva sereno nella speranza di poter confortare l'amico e scacciare dalla sua mente i presagi angosciosi che vi si erano insediati. Quanto agli altri, non avevano bisogno di fingere: uomini e donne, poveri e ricchi, liberi e schiavi, quel giorno tutti gli abitanti di Uruk erano in festa. Correvano ai pozzi per riempire vasi e brocche, tendevano le braccia sotto il getto delle fontane per godere il refrigerio di quell'acqua chiara e preziosa che infine aveva ripreso a zampillare, e di continuo tornavano ad affacciarsi ai bastioni contemplando la rapida, prodigiosa rinascita della campagna. Contemplavano le floride spighe nuovamente erette sugli steli, i prati che riacquistavano colore come le guance di un convalescente, gli alvei nuovamente colmi del fiume e dei canali. E nelle case i bicchieri vennero riempiti senza risparmio, vuotati con spensierata avidità, e nei giardini dove le fronde già rinverdivano si scorsero di nuovo gruppi di cittadini che, abbigliati delle loro vesti migliori, passeggiavano sui viali o sedevano sotto le chiome degli alberi rievocando le privazioni patite, le angustie, l'insperata salvezza.

Intanto nelle alte sale della reggia echeggiavano suoni d'arpa e di cetra, e la vittoria veniva celebrata con un banchetto solenne. Gilgamesh fece sedere Enkidu accanto a sé, alla sua sinistra. Gli porgeva lui stesso i bocconi più squisiti, gli accostava alle labbra il proprio calice esortandolo a gustare con lui il piacere del vino, tentava di richiamare la sua attenzione sull'abilità delle cantatrici che intonavano in loro onore gaie melodie; ma quel giorno Enkidu non toccò cibo, non bevve neppure un sorso, e alle parole che il re gli rivolgeva rispondeva soltanto con frasi brevi e stentate. Fissava le corna del toro ucciso, che erano state appese al muro e illuminavano la sala di un azzurro, cupo splendore.

A sera, quando furono tolte le mense, volle salire sulla terrazza, e sotto lo sguardo preoccupato dell'amico rimase a osservare la città sfolgorante di luci nell'ombra sempre più fitta e le colline che si levavano in lontananza come lunghe onde scure, l'una dietro l'altra, sino a confondersi nella vaga brumosità dell'orizzonte.

«Andiamo» disse infine distogliendo gli occhi da quello spettacolo.

«Sì, andiamo» rispose Gilgamesh. «Sei esausto, lo vedo bene, e anch'io sento la necessità di riposarmi dalle fatiche di questa giornata.»

Ma quando ebbero raggiunto la camera regale e si furono coricati sui letti di giunco, entrambi, a dispetto della stanchezza, vegliarono ancora a lungo prima di riuscire a prendere sonno. Fingendo di dormire, Gilgamesh scrutava inquieto di sotto le palpebre la figura di Enkidu che giaceva sul letto, immobile, gli occhi spalancati, come impietrita nell'attesa.

XI

Qualcosa nella notte è venuto a me, qualcosa di cui non conosco il senso. Cammino sulla riva del fiume e dietro di me cammina Enkidu, mio fratello, seguendomi così da presso come l'ombra gettata dal mio corpo sul terreno d'argilla. Insieme costeggiamo le larghe anse acquitrinose dove crescono le canne, percorriamo i saldi bastioni degli argini che imbrigliano la corrente, e il fiume accompagna i nostri passi con un canto quieto e sommesso. Ma ecco, mentre lascio vagare lo sguardo tra i meandri sinuosi a un tratto vedo le acque mutare colore, farsi di un rosso vivo, simile ai riflessi della corniola. È un fiume di sangue quello che ora scorre davanti a me, e spaventato mi volgo verso Enkidu. Ma Enkidu è scomparso: per quanto io mi affanni a cercarlo, dapprima solo con lo sguardo, poi esplorando le rive e l'intricato labirinto dei canneti, non riesco a trovare di lui la minima traccia. Persino le sue orme sono state cancellate dal suolo, come se mai egli vi avesse posato il piede.

Proseguo dunque da solo lungo il fiume osservandone il flusso torbido e denso, respirandone l'odore atroce, lo stesso che si effonde a sera dai campi di battaglia. Eppure non penso ad allontanarmi: continuo a camminare sulla riva, rasentando la rossa corrente dove ora vedo galleggiare corpi immobili di pesci e di uccelli, sempre più numerosi via via che gli istanti trascorrono. L'acqua, o ciò che prima era acqua, solleva ritmicamente le ali inerti degli uccelli, poi le abbandona lasciandole affondare, e ogni volta che riemergono le penne sono tinte di un rosso più intenso, come se un pittore solerte vi avesse passato una nuova mano di colore. Anche i pesci affondano e riaffiorano al ritmo della corrente, senza un guizzo, assecondandolo con l'assoluta arrendevolezza delle cose morte.

E mentre continuo a camminare scorgo qua e là lungo le rive i corpi di altri animali, pecore e buoi, leoni e gazzelle, tutte le specie allevate dall'uomo e quelle selvatiche che popolano le colline, mescolate l'una all'altra, travolte da un'identica strage. Sono corpi straziati, costellati di ferite dalle quali il sangue seguita a sgorgare scorrendo in spessi rivoli verso il fiume e confondendosi con le sue acque; altri invece appaiono intatti, e solo un piccolo segno rosso indica il punto da cui la vita è fuggita.

Ormai sono così numerosi che non mi è più possibile aggirarli, per procedere devo insinuarmi negli spazi sempre più angusti tra corpo e corpo; le rive, fin dove giunge il mio sguardo, ne sono completamente coperte, come se vi si fosse appena svolta la più cruenta battuta di caccia o come se tutti gli animali del mondo fossero venuti a morire qui, sul greto insanguinato di questo fiume.

E mentre continuo a camminare, tra i corpi fittamente ammassati a un tratto ne scorgo uno diverso da ogni altro, che non sembra appartenere a nessuna specie, né domestica né selvatica: sembra il corpo di un uomo, sebbene non indossi alcuna veste e un bruno vello irsuto ne ammanti le membra. Giace prono, mostrandomi la nuca solcata da una ferita profonda, simile a quella inferta da un colpo di spada. Mi avvicino, mi chino su di lui, e quando lo giro sulla schiena per osservarne il volto vedo farmisi incontro come da uno specchio le spente, irrigidite sembianze di mio fratello Enkidu.

XII

Penetrando nella stanza, il primo chiarore dell'alba ridestò Gilgamesh che subito si levò dal letto per osservare l'amico. Anche Enkidu era già sveglio, il busto reclinato sui cuscini, e fissava assorto l'alta stele d'argilla dove erano incise le gesta compiute dai due eroi nel paese del vivente. Quando udì muoversi Gilgamesh volse lentamente lo sguardo su di lui, ma rimase dov'era, disteso sul giaciglio di giunchi.

«È tempo di alzarsi, Enkidu» disse il re forzando le labbra al sorriso. «Non vedi? Il sole è già nel cielo, il nuovo giorno ci chiama a sé promettendoci le sue gioie.»

Ma Enkidu rispose: «Perché alzarmi, se tra poco dovrò sedere sulla soglia dei morti? Da quando ho aperto gli occhi, Gilgamesh, mi sento come un uomo ferito che vaghi solo in un desolato canneto, perdendo sangue a ogni passo; mi sento come un fuggiasco ghermito dalle guardie, tanto mi batte il cuore per lo sgomento».

E rimase dov'era, disteso sul giaciglio di giunchi, mentre Gilgamesh tentava invano di scuoterlo dall'agghiacciata trasognatezza che sembrava essersi impadronita di lui.

«Allontana, ti prego, questi pensieri» disse andando al suo capezzale e parlandogli dolcemente, come si fa per convincere i bambini o per guadagnarsi la fiducia di un animale impaurito. «Non ostinarti nei tuoi folli timori. Quale pericolo potrebbe mai minacciarti tra queste mura amiche, accanto al tuo re che ti ama quanto se stesso?»

«L'amore del mio re, Gilgamesh, non mi ha portato fortuna» rispose Enkidu a bassa voce. «Credimi, non sono folli pensieri a gravare le mie membra, non è l'ostinazione a trattenermi nel letto: se potessi obbedirti, ti obbedirei come ho fatto sempre, se potessi ancora alzarmi mi alzerei per dividere con te le gioie del nuovo giorno.»

«Dividiamole, dunque» replicò Gilgamesh, ma quando gli afferrò una mano per farlo alzare sentì che la mano di Enkidu giaceva inerte fra le sue; la lasciò, e la vide ricadere pesantemente sulle coltri. Allora comprese che il demone della malattia, l'avviluppante, era nella stanza, e aveva già spiegato su Enkidu le grandi ali scure.

«Se occorre combattere, combatteremo» disse sforzandosi di nascondere il terrore che lo aveva assalito. «Se un demone ti insidia, lo scacceremo. Per il fratello del re non esistono mali inguaribili, tutti i medici della città dovranno radunarsi al tuo capezzale.»

Enkidu lo guardò in silenzio, e i suoi grandi occhi bruni erano ancora più grandi, la febbre vi infondeva un tremante luccichio simile al riflesso di un lume nell'acqua profonda.

«Il mio destino è già scritto» rispose infine. «Tu stesso (ricordi?) mi insegnasti a conoscere l'ordine del mondo, mi insegnasti cosa sia la colpa e cosa il castigo. Credi forse che un medico possa porre riparo a tutto questo spalmandomi sul petto uno dei suoi unguenti o facendomi scivolare le gocce di un filtro tra le labbra inaridite? No, fratello, il demone che mi insidia non si lascia confondere da simili espedienti.»

«È il delirio, Enkidu, a ispirarti queste farneticazioni. Se filtri e unguenti non basteranno, ricorreremo agli esorcismi, e se gli esorcismi non basteranno io stesso scaccerò quel demone dal tuo letto a colpi di spada.»

«Il mio destino è già scritto» ripeté Enkidu, «da quando costrinsi il toro a chinare il capo sino a terra, o forse da prima, da quando ti aiutai ad abbattere i cedri nella foresta, o da prima ancora, dal giorno in cui lasciai le mie colline per venire a vivere nelle dimore degli uomini. L'ho sempre saputo, Gilgamesh: non trova pace chi rinnega la propria natura.»

Il re non si arrese a quelle parole. Convocò al capezzale di Enkidu tutti i medici della città, i quali, dopo aver esaminato accuratamente il malato e avergli somministrato senza effetto unguenti e filtri, dichiararono di non conoscere alcun rimedio alla strana, febbrile debolezza che lo affliggeva; convocò allora gli esorcisti, ma anche gli esorcisti finirono col disarmare dopo aver recitato invano le collaudate formule dei loro scongiuri. E quando tutti si furono ritirati Enkidu e Gilgamesh restarono di nuovo soli nella camera, e il re si prese la testa tra le mani in un gesto di disperazione.

«Che altro posso fare? Come posso aiutarti?»

«Se vuoi aiutarmi, fa' togliere di qui quella stele d'argilla: che i miei occhi non la vedano più.»

Così disse Enkidu, e il suo sguardo si velò, e il capo gli ricadde sul guanciale. A lungo il re rimase accanto al letto, senza tentare di infrangere il greve sopore dell'amico. Poi, in punta di piedi, uscì dalla camera per chiamare i servi, e in punta di piedi i servi lo seguirono e a un suo cenno sollevarono adagio l'alta stele d'argilla dove erano incise le gesta di Gilgamesh e di suo fratello Enkidu. E dopo che i servi ebbero portato via la stele, il re richiuse alle loro spalle la porta massiccia fabbricata con i cedri della foresta e tornò a sedere accanto al dormiente, dove restò per tutto il giorno, incurante della vita che ferveva intorno a lui inviandogli mille echi confusi. E quando le ombre si addensarono e calò di nuovo la notte Gilgamesh era ancora lì, seduto accanto all'amico, e tendeva l'orecchio per udire il demone battere le grandi ali scure nel silenzio della stanza.

XIII

Il mattino dopo Enkidu si ridestò. «Mi hai chiamato?» disse spalancando su Gilgamesh uno sguardo attonito. «Se no, perché sono sveglio? Se non mi hai toccato, perché sono pieno di terrore?»

Gilgamesh tentò di confortarlo. «Il sonno che scorre su tutti gli uomini è fluito su di te. Ti ha avvolto per l'intera giornata, e le ombre si sono addensate di nuovo, le lunghe ore silenziose della notte sono trascorse senza che tu ti risvegliassi. Io però, Enkidu, non ho mai lasciato il tuo capezzale.»

Ma Enkidu seguitava a fissare davanti a sé con sguardo attonito, e quando fece per sollevarsi ricadde sui cuscini. Pareva ancora più prostrato del giorno precedente, il male che lo assediava pareva aver approfittato delle ore notturne per fiaccare le sue ultime energie. Appena se ne accorse il re chiamò i servi e fece imbandire per lui cibi di ogni sorta, datteri e fichi, formaggi e uova freschissime, e quei dolci leggeri e deliziosi che anche i malati possono mangiare. Enkidu non li toccò neppure, a stento si poté indurlo a ingoiare un sorso d'acqua. Poi il re chiamò le ancelle perché tergessero il sudore dal volto e dalle membra dell'infermo. Notò che il suo corpo si assoggettava a tale operazione con la terribile, assoluta arrendevolezza delle cose morte. Allora distolse lo sguardo rabbrividendo, e solo dopo che le ancelle si furono allontanate tornò a volgere gli occhi sull'amico.

«Gilgamesh» disse Enkidu, quasi avesse atteso con impazienza quel momento per pronunciare parole a lungo meditate, «quando vagavo per le colline ho visto morire il leone e la gazzella, lo sciacallo e la volpe: li ho visti cadere trafitti dalla freccia del cacciatore o rannicchiarsi nel fondo della tana in attesa che il respiro si spegnesse, e ho visto le loro ossa bianche disseminate sulle alture. Ma solo l'uomo può vedere la morte mentre gli viene incontro. Io l'ho veduta questa notte: perciò mi sono svegliato tremando.»

«Hai sognato, dunque?» disse il re con stupore.

«Sì, Gilgamesh, qualcosa è venuto a me nella notte. Io che sapevo dormire come le gazzelle, di un sonno profondo e cieco, oggi per la prima volta ho sognato, e da quel sogno mi sono svegliato tremando.»

«Dimmi: cosa hai visto?»

«Ciò che tu non hai mai acconsentito a rivelarmi quando mi insegnavi i segreti del mondo. Ma non te ne faccio un rimprovero: anzi, vorrei ancora poter rifugiarmi in quella mia felice ignoranza di animale, perché la morte dell'uomo è spaventosa, spaventose sono le visioni che l'accompagnano.»

«Cosa hai visto?» ripeté Gilgamesh.

«Quel demone, quella tetra figura che da tempo abita con me nella stanza, e mescola sembianze d'uomo a sembianze d'uccello. In sogno lo vidi avventarsi su di me, le ali scure mi avviluppavano, gli artigli d'aquila affondavano nei miei capelli, e nella sua stretta mi sentii soffocare. Allora, mentre il demone mi fissava con le nere pupille scintillanti, le mie braccia divennero ali coperte di penne e io stesso mi tramutai in una sorta di uccello, grosso e maldestro, incapace di librarsi in volo. Ero morto, Gilgamesh, morto davvero.»

«E così finì il tuo sogno?»

«Così cominciò: se finisse qui, forse non te l'avrei raccontato. Ma quando si fu compiuta la mia metamorfosi il demone che mi aveva ghermito mi condusse nel luogo sotterraneo dove si aggirano le ombre dei morti, come grossi, goffi uccelli prigionieri, trascinando stancamente le ali nella polvere. Tu non conosci quel luogo, Gilgamesh, nessun vivo lo conosce; un giorno però mi raggiungerai laggiù, e i miei occhi spenti incontreranno di nuovo i tuoi occhi, e come un tempo tu mi apprendesti le usanze della città di Uruk, così io ti istruirò sulle tristi consuetudini di quel popolo.»

«I tuoi occhi spenti incontreranno di nuovo i miei» disse Gilgamesh, «ma non vi sarà luce nello sguardo che ci scambieremo.»

«Non vi è luce, laggiù. E già io mi sto abituando a quell'oscurità, perché le cose, davanti a me, a ogni ora che passa si fanno più buie e incerte. Eppure quando entrai nella casa di polvere riuscii a distinguere una per una le figure dei morti che sedevano nelle tenebre, e di ciascuna potevo pronunciare il nome. In quelle tenebre, confusi nella stessa polvere, vidi contadini e mercanti, sacerdoti e guerrieri, sovrani rapiti dal demone al loro trono glorioso e schiavi colti mentre attendevano alle più umili fatiche. Vidi tutti gli uomini, e i loro figli, e i figli dei figli, tutte le generazioni passate e quelle a venire, e in un angolo vidi uno scriba ritto dinanzi a una tavoletta: reggeva tra le dita uno stilo dalla punta sottile e ad ogni istante aggiungeva un nuovo nome all'elenco immane dei morti. Immane, ma non infinito, poiché su quella tavoletta vidi incidere il nome dell'ultimo uomo, nel tempo in cui tutti i viventi saranno trasformati in argilla e calerà il silenzio sul volto del mondo. Perciò mi sono svegliato tremando, Gilgamesh.»

E quando Enkidu ebbe pronunciato queste parole lo sguardo gli si velò, il capo gli ricadde sul guanciale, e accanto al giaciglio di giunco il re pianse in silenzio le sue lacrime finché le ombre tornarono ad addensarsi e una notte nera e illune calò di nuovo sulla terra.

XIV

Il terzo giorno una folla perplessa si radunò alla spicciolata davanti alla reggia, sotto la grande porta vigilata dai due leoni di pietra. La notizia della malattia di Enkidu si era ormai propagata nella città, diffusa da medici ed esorcisti, rivelata dai servi del palazzo che frequentavano botteghe e taverne. Passava di bocca in bocca come un oscuro segreto di cui tutti erano al corrente senza osare parlarne a voce alta, poiché il re, rinchiuso nella camera dell'infermo, seguitava a mantenere il silenzio, e nessun annuncio era stato dato dai suoi smarriti funzionari. Così ora i cittadini di Uruk si aggiravano dinanzi alla reggia scambiando occhiate di muta consapevolezza con le guardie schierate sulla soglia, mentre da tutti i templi si levavano come per caso serpeggianti volute d'incenso e i sacerdoti, nel celebrare i sacrifici quotidiani, invocavano tacitamente su Enkidu la protezione degli dèi.

I canuti membri del consiglio vennero al palazzo e chiesero di essere ammessi alla presenza di Gilgamesh, ma fu loro risposto che il re non voleva vedere nessuno; vennero i giovani figli della città, ma furono congedati con la stessa risposta; e al calar del sole, quando gli ultimi raggi tingevano il cielo di sangue, dal tempio dell'amore venne una donna che indossava morbide vesti di porpora. Respinta dalle guardie, sedette senza una parola accanto alla soglia e lì rimase, gli occhi fissi a terra, dimentica della folla che le sfilava dinanzi rivolgendole sguardi incuriositi.

Di tutto ciò, nulla poteva raggiungere i due amici asserragliati nella camera reale. Le inutili visite dei medici erano state sospese e per non disturbare il sonno di Enkidu Gilgamesh aveva comandato ai servi di evitare ogni rumore, di non avvicinarsi neppure alla camera senza un suo ordine, sicché la reggia intorno a loro era immersa in un silenzio perfetto, simile a quello che regna in una dimora abbandonata. Dal letto dove giaceva Enkidu la vita si ritraeva timidamente, messa in fuga da una potenza ostile cui solo il re trovava ancora la forza di resistere contendendole con disperato accanimento il possesso di quel corpo.

I suoi sforzi erano compensati dai rari momenti in cui il malato riemergeva dal torpore, apriva gli occhi, e raddrizzandosi sui cuscini discorreva quietamente, come se non fosse mutato nulla. La sua voce però era fioca, tanto che per udirla Gilgamesh doveva chinarsi su di lui.

Una volta, mentre parlava al re durante una di quelle brevi tregue, tacque di colpo fissando qualcosa davanti a sé, e i suoi occhi si riempirono di lacrime.

«Che cosa guardi, Enkidu?»

«Guardo l'alta porta di cedro, costruita con il corpo del gigante. Sia maledetto quel cedro, Gilgamesh: se non fossimo andati nel paese del vivente, se avessimo innalzato fragili porte di canne, ora non giacerei tra le sofferenze e i miei occhi non sarebbero accecati dal pianto.»

L'amico non trovò parole per consolarlo. Tacquero entrambi, e di nuovo Enkidu si immerse nei suoi pensieri finché un singhiozzo soffocato gli sfuggì dalle labbra.

«A cosa pensi, Enkidu?»

«Penso al cacciatore che incontrai in riva allo stagno. Sia maledetto quel cacciatore, Gilgamesh: che le sue armi siano spuntate, la sua pentola vuota, che la preda gli sfugga dalle reti. Se i miei passi non avessero incrociato i suoi vivrei ancora felice sulle colline, e non avrei conosciuto il gusto salmastro delle lacrime.»

Tacque di nuovo, mentre il re lo osservava sgomento, e quando riprese a parlare la sua voce era forte e terribile come un grido.

«Ma soprattutto, Gilgamesh, sia maledetta quella prostituta che si scoprì il seno davanti a me, che mi insegnò le sue arti di donna, che mi condusse alle tende dei pastori. Possa essere spogliata delle vesti di porpora ed esercitare il suo mestiere all'angolo di una strada, coricarsi tra i rifiuti, sopportare le percosse degli ubriachi sino ad averne il viso gonfio e il corpo indolenzito, poiché se non l'avessi incontrata vivrei ancora felice tra le mie gazzelle e in me non si sarebbero insinuati i pensieri di un uomo.»

A queste parole, la pena di Gilgamesh si fece intollerabile. «Hai dimenticato di maledire anche me, Enkidu» disse con voce incrinata.

Enkidu non rispose, ma gli afferrò le mani stringendole debolmente, e a lungo i due amici rimasero così, in silenzio, mescolando le loro lacrime. Infine però Enkidu sorrise, se può definirsi sorriso il guizzo amaro che gli increspò per un attimo le labbra, e levando lo sguardo sul sovrano disse adagio: «No, io non maledico nessuno. Dimmi, che motivo avrei di odiare quella donna? Si deve a lei, in fondo, se ora posso morire su un letto di giunchi, in una camera sfarzosa, con un re seduto al mio capezzale, invece di vivere nelle lande selvagge dormendo tra le gazzelle sulla nuda terra; si deve a lei se ho varcato le forti mura di Uruk e se ho imparato cosa sia la colpa e cosa il castigo. Rassicurati, dunque: io non maledico né lei né altri, e non temere neppure per la tua bella porta di cedro».

«Basta, Enkidu: anch'io sto imparando cosa sia il castigo. Non vedi? Anche i miei occhi sono accecati dalle lacrime. Tu, fratello, fosti la scure al mio fianco e la spada nella mia cintura, fosti la mia veste gloriosa, lo scudo proteso davanti a me. E ora devo piangerti come una donna in lutto, mentre il demone ti ghermisce e tu ti allontani nella tenebra.»

Ma Enkidu non lo ascoltava più: giaceva riverso sui cuscini, immobile, lo sguardo velato sotto le palpebre socchiuse.

Il re posò una mano sul suo cuore, e lo sentì battere fievolmente; accostò il viso alle sue labbra, e si sentì sfiorare dal lieve soffio di un respiro. Rinfrancato, tornò a sedere al capezzale in attesa che l'amico si ridestasse, ma egli restava irraggiungibile nella ferrea prigione del suo deliquio, mentre l'attesa di Gilgamesh si mutava a poco a poco in una veglia sconsolata. Poi anche le palpebre di Gilgamesh si abbassarono, la veglia si mutò in sonno, e solo il demone rimase desto a battere le grandi ali scure nella penombra della stanza.

XV

Quando al mattino fu risvegliato dai primi raggi, il re non vide più Enkidu accanto a sé sul letto di giunchi. Sconcertato si guardò intorno, e trovò la veste dell'amico sul pavimento, ridotta a brandelli; poi, in un angolo dove a stento arrivava la luce, scorse la nuda figura di Enkidu rannicchiata per terra, come un animale morente che si rifugi nel fondo della sua tana.

Si affrettò a raggiungerlo. «Che fai, Enkidu?» disse scotendolo con delicatezza. Ma Enkidu volse su di lui uno sguardo nel quale non brillava la minima scintilla di riconoscimento, lo sguardo di una gazzella impaurita, e si ritrasse di scatto.

«Parlami, Enkidu» disse Gilgamesh, ma Enkidu non parlò. Con grande sforzo si trascinò sul pavimento rintanandosi ancor più nel suo angolo, senza rispondere alle parole affettuose che il re gli rivolgeva se non con lo sguardo delle nere pupille dilatate.

Dolcemente, il re tentò di farlo alzare per ricondurlo sul letto, tentò di coprire con un mantello il suo corpo nudo e tremante; a ognuno di questi tentativi Enkidu opponeva una resistenza debole ma ostinata, finché Gilgamesh si rassegnò a lasciarlo dov'era e si allontanò di qualche passo, accasciandosi su una sedia.

«Fratello mio, non mi conosci più?» disse tra le lacrime, ma in verità aveva già compreso come in quel lungo deliquio Enkidu si fosse spogliato di ogni abitudine umana tornando alla sua antica natura, trasformandosi di nuovo nella creatura selvaggia che era stato un tempo, quando ancora non aveva varcato le salde mura di Uruk e ignorava cosa fossero colpa e castigo. Adesso però era un animale malato, e la nudità metteva in risalto l'insolita magrezza del suo corpo consumato dalle sofferenze.

«Non temere» disse Gilgamesh tornando accanto a lui e posandogli con cautela una mano sulla spalla. «Non ti strapperò al tuo rifugio, non ti costringerò a nulla, e se non vuoi parlarmi resta pure in silenzio. Lo vedo bene: insieme con la natura di uomo hai inteso ripudiare anche me, e tutte le care consuetudini che ci legavano. Ma non c'è ritorno, Enkidu: se ci fosse, non credi che io stesso ti allontanerei dal mio fianco, che ti ricondurrei sulle colline per farti vivere felice tra le tue gazzelle?»

Enkidu lo fissava muto, senza dar segno di capire una sola parola. Tuttavia lasciò che la mano di Gilgamesh posasse sulla sua spalla accarezzandola adagio.

Fu quello per il re l'inizio di un lungo tormento, che non durò ore ma giorni, non giorni ma settimane, e nel quale alla disperazione più profonda si mescolava una sorta di straziante dolcezza. Enkidu restò quasi sempre rannicchiato nel suo angolo, cadendo in frequenti deliqui, e non si lasciava avvicinare né dai servi che gli recavano il cibo, né dalle ancelle che venivano ogni mattina per lavarlo. Anche i medici e gli esorcisti, chiamati di nuovo a consulto, dovettero limitarsi a osservarlo da una certa distanza e a confessare al re l'assoluta inefficacia delle loro arti di fronte a quel male ignoto e tremendo che già aveva trionfato dell'umanità di Enkidu e presto, molto presto, avrebbe travolto le estreme resistenze del suo corpo animale.

Solo Gilgamesh riusciva ancora a toccarlo e a indurlo talvolta ad abbandonare il suo rifugio. Allora l'infermo si dissetava a lungo, non sollevando la coppa e accostandone l'orlo alle labbra, ma immergendovi il viso come fanno le gazzelle quando scendono ad abbeverarsi allo stagno, e mangiava afferrandoli con i denti i bocconi leggeri che l'amico gli porgeva sul palmo della mano. Aveva poco appetito, ma la sua sete era inestinguibile.

Col tempo il re si accorse che Enkidu gli parlava ancora, non però nella lingua degli uomini: solo con certi gesti intensi, silenziosi, che egli imparò ben presto a riconoscere e alla cui vista sentiva ogni volta una stretta al cuore. Per dire "no" si ritraeva, per dire «sì» chinava il mento sul petto, serrava i pugni quando Gilgamesh lo forzava a mangiare un boccone in più, e se voleva qualcosa da lui si protendeva a fatica per cingergli le ginocchia in un debole abbraccio. Ma se Gilgamesh provava a rispondergli con le parole gli opponeva una caparbia sordità, come una bestia riottosa che non voglia lasciarsi ammaestrare, e volgendogli la schiena tornava a rifugiarsi nel suo angolo.

Così trascorsero ore, giorni, settimane, mentre l'intervallo tra un deliquio e l'altro si faceva sempre più breve e il corpo di Enkidu sempre più gracile e consunto. Ormai, quando perdeva i sensi, Gilgamesh riusciva persino a sollevarlo tra le braccia e a deporlo sul giaciglio di giunchi, senza compiere uno sforzo maggiore di quello che occorre a un padre per mettere a letto un bambino addormentato. Allora rimaneva a vegliarlo, osservando con stupore i mutamenti che si erano prodotti nella sua figura, e spesso si chinava su di lui per tergergli il sudore dalla fronte; finché Enkidu riprendeva i sensi, e incontrando il suo sguardo atterrito egli si affrettava a scostare la mano.

Un giorno però quando Enkidu aprì gli occhi Gilgamesh vide che le sue pupille, invece di sfuggire inquiete, lo fissavano con insolita serenità. Era lo sguardo di un tempo, lo sguardo dell'amico perduto; o almeno, così parve a Gilgamesh, che subito si sentì scuotere il petto da un fremito di speranza.

«Enkidu, fratello mio» disse afferrandogli le mani, e notò con gioia che l'altro non le ritraeva né tentava di scivolare a terra per raggiungere il suo angolo.

«Enkidu, finalmente sei tornato a me. Ora guarirai, ne sono certo: sarai di nuovo la scure al mio fianco e la spada nella mia cintura, sarai il mio scudo, la mia veste gloriosa.»

Enkidu continuava a fissarlo, in silenzio, ma con sguardo sereno, e una scintilla di consapevolezza brillò per un istante nei suoi occhi dilatati. Per un istante. Poi Enkidu si sollevò verso le mani di Gilgamesh e vi premette sopra le labbra aride, a lungo, con movimenti concitati, come un animale prediletto che si sforzi di mostrare al padrone tutto il proprio amore. Gilgamesh lo lasciava fare, il volto inondato di lacrime. E quando le forze gli vennero meno, Enkidu cadde riverso sui cuscini e lì rimase, con l'assoluta, terribile immobilità delle cose morte. Gilgamesh gli toccò il cuore, ma il cuore non batteva; accostò il viso alla sua bocca, e non si sentì sfiorare neppure dal più tenue respiro.

XVI

Eccolo dunque sul letto, vestito di nuovo della sua veste preziosa, i capelli spartiti e la barba pettinata con cura. Non vi è più traccia di sudore sul volto pietrificato, e la posa è composta e solenne, come si addice al favorito di un re.

Anche Gilgamesh sembrava mutato in pietra mentre vegliava il fratello contemplando in quei tratti irrigiditi l'immagine riflessa dei propri. Ma nella reggia prima così silenziosa ora rullava incessante il tamburo del lutto, e i suoi battiti si diffondevano per la città.

Tra gli abitanti di Uruk non vi era nessuno che avesse il ciglio asciutto: guerrieri e sacerdoti, artigiani e mercanti sedevano nella polvere, e la donna rimasta in attesa presso la soglia del palazzo levava lamenti altissimi al rullo del tamburo lacerando le ricche vesti di porpora.

Per sette giorni e sette notti la città pianse la morte di Enkidu, mentre il re continuava a vegliare accanto a lui e da lontano, oltre gli erti bastioni d'argilla, anche il fiume mescolava il suo pianto a quello degli uomini scrosciando cupamente tra gli argini. Ma da più lontano ancora, dalle colline incolte, giungeva il verso lungo e accorato delle gazzelle e di tutte le creature selvatiche che avevano diviso con Enkidu la sua vita di animale, e persino il vento piangeva quella morte sferzando con rabbiosa violenza i fusti sottili delle canne.

Per sette giorni e sette notti, mentre tutte le cose piangevano la morte di Enkidu, il re rimase al suo fianco, muto e ostinato, e se qualcuno tentava di allontanarlo dalla camera o di persuaderlo a lasciar seppellire quel corpo, reagiva con la furia di una leonessa cui i cacciatori vogliano rapire i cuccioli. Come si vela una sposa, così egli aveva steso un velo sull'amico morto. Quando si riscoteva dalla sua stupefatta immobilità o dal sonno che a tratti lo vinceva per qualche ora, misurava la stanza a grandi passi girando intorno al letto, si strappava i capelli, lacerava con disgusto le vesti regali. Poi tornava a sedere al capezzale di Enkidu e lasciava che il rullio monotono del tamburo lo cullasse fino allo stordimento.

Spesso gli sembrava di sentire ancora sulle mani la pressione di quelle labbra aride; gli sembrava che due braccia incerte gli afferrassero le ginocchia, o di intravedere nell'angolo in penombra una nuda figura rannicchiata. Allora si sforzava di ricordare l'altro Enkidu, l'eroe bello come un dio, forte come una stella del cielo, di cui gli scribi avevano inciso le gesta sulle tavolette; ma quel ricordo continuava a sfuggirgli, smarrito in un'irraggiungibile lontananza. E quando attraverso il velo sottile che lo copriva il volto dell'amico gli rimandava come uno specchio offuscato la sua stessa immagine, i suoi stessi tratti irrigiditi nella morte, anche la persona di Gilgamesh gli appariva estranea e remota, e stentava a riconoscersi in essa più che nelle vaghe, evanescenti figure delle quali erano popolati i suoi sogni.

A volte pronunciava a voce alta i loro nomi, Gilgamesh, Enkidu, li ripeteva insieme come due parti della stessa parola; ma erano suoni opachi, di cui non afferrava il senso. Non erano più nulla, quei nomi: nulla la gloria e la potenza di Gilgamesh. Esisteva soltanto il corpo immobile, disteso sul letto di giunchi, che si corrompeva lentamente sotto il tenue velo da sposa.

XVII

Dopo sette giorni e sette notti i sacerdoti entrarono nella camera regale reclamando il cadavere di Enkidu per la sepoltura. Questa volta Gilgamesh non li scacciò, ma al loro ingresso andò a porsi davanti al letto, quasi a proteggere il corpo che vi giaceva.

«Rassegnati, Gilgamesh» dissero i sacerdoti. «Quale uomo può scampare alla morte? I nostri giorni, lo sai, sono un soffio di vento: solo Ziusudra, il Lontano, fu sottratto dagli dèi al destino comune e condotto nell'isola del paradiso per godervi di un'esistenza eterna. Ma tuo fratello Enkidu, che ora giace sul letto di giunchi come una gazzella presa al laccio, non si alzerà mai più.»

Così dicevano i sacerdoti, e Gilgamesh li ascoltava in silenzio senza lasciarli avvicinare al corpo dell'amico.

«Rassegnati, Gilgamesh, affida alla terra quest'argilla inerte che un tempo fu Enkidu. Non si alzerà mai più, mai più camminerà per le sale della reggia seguendo i tuoi passi come un'ombra devota, ma il suo ricordo sarà tramandato di generazione in generazione. Non lo vedrai mai più, la terra te lo nasconderà, eppure le sue sembianze non andranno perdute: i migliori artigiani della città, orefici, battitori di rame, intagliatori di pietre, hanno plasmato in materiali incorruttibili l'immagine di tuo fratello, e quella statua, Gilgamesh, è meravigliosa, tutta oro e lapislazzuli, tutta splendente di luce. Non vorresti vederla anche tu?»

Così i sacerdoti tentavano di persuaderlo, e dapprima le loro parole di saggezza gli suonarono stonate come un gracchiare di corvi; ma le ripeterono tanto a lungo, tanto a lungo lo assediarono con quel frastornante vocio, che egli finì col cedere e acconsentì a uscire dalla camera per vedere la statua.

I sacerdoti lo guidarono per mano, vincendo con gentile violenza la sua esitazione nel varcare la soglia. Mentre attraversava le sale della reggia si guardava intorno smarrito e non mostrava di riconoscere i servi e le guardie, gli scribi e i dignitari che si ritraevano con deferenza al suo passaggio. E i servi e le guardie lo osservavano da lontano, lo osservavano gli scribi e i dignitari scambiandosi commenti sussurrati, e tutti stentavano a riconoscere il loro sovrano in quell'alta, cupa figura dalle vesti a brandelli che vacillava come una canna piegata dal vento.

A poco a poco la gente del palazzo formò dietro di lui un timido, silenzioso corteo che lo accompagnò fino alla sala delle udienze. Qui la statua di Enkidu era stata sistemata alla sinistra del trono, nel punto dove il re era solito far sedere il suo favorito. Quando fu davanti alla statua Gilgamesh levò lo sguardo su quel corpo incorruttibile, splendente d'oro e di lapislazzuli; poi tornò a distoglierlo con un brusco moto del capo.

«Non sei soddisfatto, signore?» domandò uno dei sacerdoti, poiché la fronte di Gilgamesh, non più avvolta nella benda regale, si era aggrottata penosamente segnandosi di rughe profonde. «Non è forse l'immagine di Enkidu, del tuo favorito?»

Gilgamesh non rispose. Rimase per un poco soprappensiero, senza più guardare la statua, quindi ordinò che s'iniziassero le cerimonie funebri.

Per tutto il giorno la gente di Uruk intonò la triste nenia dei morti, e il tamburo non smise mai di rullare, mentre si versavano ricche libagioni e coppe traboccanti di burro e miele venivano offerte agli dèi. Solo la mensa di Inanna rimase vuota, per comando del re, e neppure una voluta d'incenso spirò quel giorno intorno al simulacro della dea che seguitava a guardare fisso davanti a sé reggendo sul palmo della mano la sua azzurra colomba di lapislazzuli.

Infine giunse il momento di affidare alla terra il corpo di Enkidu. Fu scavata per lui una fossa ai piedi di quella destinata a Gilgamesh, proprio come un tempo, al suo arrivo nella reggia, gli era stato preparato il comodo giaciglio di giunchi ai piedi del letto in cui dormiva il sovrano. E appena la fossa fu richiusa, i guerrieri di Uruk conficcarono al suolo le loro lance e lì le lasciarono, a comporre intorno alla tomba un rigido canneto.

Con i gesti di un sonnambulo Gilgamesh aveva versato le libagioni, esibito le offerte, presieduto al rituale della sepoltura. Ma quando tutto fu concluso volle tornare nella camera, e a un suo cenno i sacerdoti dovettero lasciarlo solo, seduto accanto al letto vuoto di Enkidu.

Ora il tamburo aveva smesso di rullare, la nenia dei morti era cessata, e nei tortuosi vicoli d'argilla gli abitanti di Uruk ripresero con sollievo le occupazioni consuete: gli artigiani impugnarono i loro arnesi, le donne andarono ai pozzi per attingere l'acqua, i venditori sciorinarono la merce dinanzi agli usci delle botteghe, finché al calar del sole, mentre l'ultimo, infocato chiarore si attardava nel cielo, per le strade tornò a regnare quella quiete che ristora il cuore degli uomini dopo una giornata di lavoro, e una sommessa serenità si diffuse in tutte le case.

Ma prima che il sole tramontasse, quando le porte

della città erano ancora aperte, le sentinelle che vigilavano le mura videro uscire da una di esse un'alta figura vacillante dalle vesti a brandelli, dalla testa nuda e priva di bende. La videro inoltrarsi nella campagna dirigendosi a passi affannosi verso oriente, dove già si spiegava la tenebra, e nella tenebra scomparire senza voltarsi alle loro grida di richiamo.

Parte terza

I

Una strana diceria correva negli accampamenti dei pastori, negli sperduti villaggi che sorgevano ai margini della pianura, nelle fattorie isolate dove i contadini coltivavano gli ultimi lembi di terra fertile: una diceria inquietante che essi si confidavano la sera, radunati intorno al fuoco, e che i viaggiatori propagavano di contrada in contrada infondendo il timore nei cuori degli abitanti.

Pochi potevano affermare di aver scorto con i propri occhi l'uomo vestito di stracci che da qualche tempo vagava per la campagna distruggendo con la furia delle sue mani tutto ciò che incontrava, ma quei pochi tremavano ancora al ricordo, e riferivano come persino gli animali selvatici, persino le fiere fuggissero terrorizzate dinanzi a quell'alta figura vacillante e rimanessero a guardarla da lontano, con timida curiosità, pronte a ritrarsi appena la vedevano avanzare di un passo.

Così si erano regolati anche loro: trattenendo il respiro si erano appostati dietro un'altura o nel folto di un canneto per spiare lo sconosciuto, che aveva l'aspetto di un uomo ma i modi di una bestia feroce. I suoi neri capelli, raccontavano, erano lunghi e scarmigliati e gli ricadevano sulle spalle ondeggiando come il grano, la barba cresceva nera e incolta nascondendo i tratti del viso, e il corpo mostrava tutto il vigore della giovinezza. Tale era la figura solitaria che vagava per la campagna nutrendosi d'erbe, svellendo le trappole dei cacciatori, portando la devastazione nei frutteti e negli orti; ma la cosa più spaventosa, per quanti avevano avuto la ventura di imbattersi in lui, era il lamento che a tratti gli usciva dalle labbra, un grido così iroso e disperato da far rabbrividire chiunque lo udisse.

Spesso, vedendolo correre a perdifiato dai loro nascondigli, avevano l'impressione che stesse fuggendo; eppure, per quanto scrutassero attentamente, non potevano distinguere dietro di lui alcun inseguitore, solo la superficie monotona della pianura con i recinti abbattuti, gli arbusti sradicati, i mille segni di distruzione che egli stesso si era lasciato alle spalle nella sua corsa selvaggia. Altre volte lo vedevano gettarsi improvvisamente a terra e rimanere immobile, come una gazzella presa al laccio o un leone ferito dal dardo del cacciatore. Rimaneva così per giornate intere, senza che nessuno avesse l'ardire di avvicinarsi, e forse dormiva, forse andava ruminando tra sé quella strana, disperata collera che lo dominava.

Col tempo si capì che nei suoi vagabondaggi apparentemente disordinati lo sconosciuto seguiva in realtà una direzione precisa, si spostava sempre più verso oriente percorrendo a ritroso il cammino del sole. E man mano che si spostava gli abitanti delle zone dove era passato traevano un sospiro di sollievo, i cacciatori disponevano nuove trappole, i pastori raddrizzavano i pali dei recinti e tornavano a dormire sonni tranquilli nelle loro tende, mentre la paura dilagava a oriente, nelle terre cui egli giungeva.

Si teneva lontano dai villaggi e schivava il più possibile ogni contatto con gli altri uomini. Di notte, sentendolo aggirarsi all'intorno, quanti vivevano nelle case isolate che sorgevano qua e là nella solitudine dei campi sbarravano le porte, tiravano i chiavistelli e attendevano sgomenti dietro le fragili pareti di canne. Ma lo sconosciuto non tentò mai di abbattere una porta, di penetrare in una casa, e se scorgeva un viandante si affrettava a cambiare strada.

Tutto questo si raccontavano davanti al fuoco i contadini e i pastori, i viaggiatori di passaggio e i cacciatori che battevano le lande in cerca di preda, e quanto più si diffondeva la fama dello sconosciuto, tanto più si moltiplicavano le congetture sulla sua persona. Chi lo reputava semplicemente un folle, chi un demone che avesse assunto sembianze umane, chi una divinità corrucciata scesa tra loro per punirli di chissà quale colpa: tutto era possibile, a tutto si prestava fede, passando da una supposizione all'altra secondo l'estro del momento. Nessuno però voleva credere alla voce bizzarra riferita da certi mercanti, secondo la quale quella scarmigliata creatura vestita di stracci che errava per la campagna nutrendosi d'erba e si rannicchiava a dormire sulla nuda terra sarebbe stata un tempo il re di una città lontana, un re glorioso e potente di cui gli scribi avevano inciso il nome sulle tavolette d'argilla.

II

Qualcosa nella notte viene a me, mentre dormo rannicchiato sulla nuda terra. Vedo le città degli uomini, grandi e mirabili, che sorgono nella pianura; ma non posso avvicinarmi, perché tutte sono sotto la signoria della morte. Da lontano osservo le loro masse compatte torreggiare sulle cime delle alture o bordare le rive dei fiumi di larghe strisce brune, e mentre così le osservo, sotto i miei occhi quelle città crollano, l'una dopo l'altra. Le case, i templi, i palazzi, si abbattono al suolo silenziosamente, tra dense volute di fumo. Simili ai relitti di un naufragio, pareti malferme si levano ancora tra le macerie mostrando attraverso i vani delle porte la vuota immensità del cielo, e nel cielo volteggiano uccelli dalle ali rigide, dal corpo di metallo, che avvolgono le rovine in un frastornante ronzio.

Crollano una dopo l'altra, perché tutte sono sotto la signoria della morte. Le opere dell'uomo franano nella polvere, e quando la polvere si posa, quando il fumo si dissolve e gli uccelli metallici smettono di volteggiare, solo qualche animale selvatico vaga ancora per i labirinti diroccati. E all'improvviso, mentre le osservo, so che tutte quelle città distrutte sono un'unica città, e che quella città è Uruk, la patria di Gilgamesh. Adesso posso riconoscere tra le rovine la reggia e il tempio della dea Inanna, il recinto sacro e i giardini ormai soffocati da una coltre grigia, e nei mattoni sbriciolati che compongono tutt'intorno il vago disegno di un rettangolo riconosco le mura poderose le cui fondamenta erano state poste all'inizio dei tempi.

Ora però non l'osservo più da lontano: io stesso mi trovo nella città, mi aggiro smarrito in quelle che una volta erano piazze e strade, vicoli brulicanti, ombrosi cortili, e vedo volpi e sciacalli frugare con il muso tra i mattoni d'argilla per cercare se qualcosa di vivo si annidi ancora nelle commessure. Frugo anch'io, ma non trovo nulla: solo polvere, e una bianca sostanza cristallina che mi lascia sulla lingua il sapore del sale.

Senza che io lo voglia, i miei passi mi conducono davanti alla reggia. I due grandi leoni di pietra si ergono ancora ai lati della soglia, ma intorno a loro il muro è crollato svelando l'interno dell'edificio. In verità non vi è più confine tra il dentro e il fuori, i devastati splendori del palazzo si mescolano in un'identica rovina con le vie e gli edifici che li circondavano, e anche le pareti che un tempo separavano le stanze sono in gran parte crollate. Mi ritrovo dunque in un immenso spazio senza forma, dove dalle macerie polverose emergono qua e là una colonna, lo stipite di una porta, le figure mutilate di un mosaico le cui tessere superstiti si reggono in precario equilibrio su un frammento di muro. Al suolo, ridotte in frantumi, sono disseminate le tavolette d'argilla sulle quali gli scribi avevano inciso minuziosamente con i loro stili le leggi e i contratti nuziali, le storie degli dèi e le gesta compiute dagli eroi.

Non mi è facile orientarmi, e neppure lo desidero, tanto questo luogo mi appare estraneo e privo di rapporti con la sontuosa, accogliente dimora che avevo conosciuto. Quando però vedo il trono, capisco dove mi trovo; allora nello spesso strato di macerie che lo assedia da ogni lato cerco un punto preciso, e in quel punto mi chino, e mi metto a scavare con le mani. Scavo, e scavo, finché posso scorgere la statua: giace tra le macerie, il luccichio dell'oro e del lapislazzuli offuscato da un velo di polvere, ma sembra intatta, come se il crollo non ne avesse neppure scalfito il grande corpo incorruttibile.

So che è la statua di un morto, e di quel morto ricordo il nome: dev'essere inciso sul piedistallo, sebbene la polvere me lo nasconda. Allora mi chino di nuovo, e più volte passo il palmo della mano sulla pietra per togliere il torbido velo che la copre. Ma quando infine ho pulito del tutto il piedistallo, il nome inciso non è quello che ricordavo: è il nome di Gilgamesh, le chiare, impietose sillabe del mio destino.

III

Al tramonto, quando gli ultimi raggi tingevano l'acqua di sangue e il vento faceva rabbrividire le canne, un pastore pascolava le sue pecore in riva a uno stagno. Le sorvegliava placido, canticchiando a fior di labbra il lento motivo di una canzone, e assaporava la pace della sera in quella landa remota dove già si scorgevano all'orizzonte le montagne e solo qualche raro viandante violava a volte il silenzio con i suoi passi.

A un tratto però, mentre così si attardava in riva allo stagno prima di ricondurre le pecore all'ovile, il pastore udì provenire dal canneto un fruscio che non era quello del vento: una serie di tonfi e di scricchiolii, come se un grosso animale stesse aprendosi impetuosamente la strada tra i fusti sottili. Allarmato, si affrettò a radunare le pecore intorno a sé e restò in attesa con il bastone in pugno, temendo di trovarsi di fronte un leone dalla fulva criniera o un orso calato dalle montagne per assalire il suo gregge. Invece, quando le canne si aprirono, con meraviglia vide davanti a sé una figura che non era d'orso né di leone, e neppure di un qualsiasi animale a lui noto. Incedeva eretta alla maniera degli uomini, lunghi capelli scarmigliati le ricadevano sulle spalle ondeggiando come il grano e il suo volto, se di un volto si trattava, era in gran parte nascosto da una barba ispida. Capelli e barba, notò il pastore, erano chiazzati di grigio, sebbene il corpo dello sconosciuto mostrasse ancora il pieno vigore della giovinezza.

Con il cuore in gola attese che si avvicinasse, mentre le pecore si stringevano a lui in cerca di protezione formandogli tutt'intorno un baluardo lanoso. Ma quando fu a pochi passi da loro lo sconosciuto si fermò di colpo e il pastore, a sua volta, non azzardò il minimo movimento. Rimasero così a guardarsi fisso, e le pecore seguitavano a comporre un cerchio tremante intorno al padrone, e il sole calava a poco a poco dietro i canneti, fronteggiato dalla massa già nera delle montagne d'oriente.

«Ebbene?» disse infine il pastore tentando di assumere un tono di spavalda sicurezza. «Che razza di animale saresti?» Ma subito si pentì di essere stato così rude, perché a quelle parole la mestizia aveva velato lo sguardo dello sconosciuto.

«Nessun animale» replicò, «solo l'uomo può vedere la morte venirgli incontro. Io l'ho veduta, quando vegliavo al capezzale di mio fratello.»

Il pastore si stupì grandemente di udirlo parlare in quel modo. «Dimmi il tuo nome» lo pregò facendo un passo verso di lui, «e il nome della città da cui provieni: poiché certo non ti hanno nutrito sempre le colline, non ti ha allevato questa terra selvaggia, e un tempo il tuo aspetto doveva essere diverso da quello che vedo.»

«Il mio nome» rispose lo sconosciuto avanzando a sua volta verso il pastore, «ho voluto dimenticarlo. E quanto alla città da cui provengo, ti basti sapere che è destinata a cadere in polvere, come tutte le opere dell'uomo.»

Da questa risposta, nonostante la sua stranezza, il pastore fu completamente rassicurato: una creatura così triste, pensò, non può avere cattive intenzioni; e invitò lo sconosciuto a sedergli accanto in riva allo stagno e a dividere con lui il suo pane e l'acqua della sua borraccia, mentre le pecore tornavano a sparpagliarsi brucando tranquillamente l'erba umida.

«Puoi dirmi almeno» domandò il pastore quando ebbero mangiato e bevuto «cosa ti ha indotto a lasciare la tua città e a vagare vestito di stracci per questa landa remota?»

Lo sconosciuto esitò, come incerto se parlare o tacere. «Vi era un demone, laggiù, cui volevo sfuggire» rispose quindi con voce spenta, «ma quel demone non ha mai cessato di inseguirmi, sebbene io tentassi in ogni modo di fargli smarrire le mie tracce. Perciò ho deciso di cercare colui che può insegnarmi a sconfiggerlo.»

«Un esorcista, intendi?»

Lo sconosciuto sorrise, se è lecito definire sorriso il guizzo amaro che gli increspò per un attimo le labbra. «Contro quel demone le arti degli esorcisti sono vane. Perciò ho stabilito di volgere i miei passi verso oriente, andando di terra in terra sino alla riva dell'oceano.»

«Per far perdere le tue tracce al demone che t'insegue?»

«Per raggiungere l'isola del paradiso, che sorge oltre l'oceano. Là, come saprai, non esiste ferita né dolore, e il leone non uccide, e il lupo non divora l'agnello. Là vive Ziusudra, il superstite del diluvio, l'unico uomo accolto dagli dèi nella loro cerchia immortale.»

«Sì, persino io ho udito parlare di colui che chiamano il Lontano; ma ho udito anche descrivere i mille orrori, le mille insidie che occorrerebbe attraversare per raggiungere l'isola del paradiso.»

«Insidie e orrori non hanno più il potere di sgomentarmi. E poi, vedi, non li affronterò da solo: mio fratello mi cammina al fianco, mi ha accompagnato sempre da quando ho varcato le mura della città. Come io sono morto in lui, così egli seguita a vivere in me, inseparabile da me come da un corpo l'immagine riflessa, e io stesso ormai non so più comprendere quale sia il corpo e quale il riflesso, chi sieda nella casa di polvere e chi vaghi per le lande vestito di stracci.»

Detto questo lo sconosciuto si alzò, sotto lo sguardo sconcertato del pastore, e anche le pecore smisero di brucare per volgere gli occhi sulla sua alta figura.

«Se vuoi restare con me» propose il pastore impietosito, «posso prepararti un giaciglio nella mia capanna. Lì riposerai, e forse guarirai a poco a poco da questa febbre che ti sconvolge la mente.»

«Solo Ziusudra può guarirmi, colui che chiamano il Lontano» replicò lo sconosciuto; quindi si inoltrò fra le canne che si aprirono frusciando al suo passaggio, e il pastore continuò a seguirlo con lo sguardo, seduto in riva allo stagno, finché la lunga chioma ondeggiante si confuse nella penombra della sera.

IV

Tra le grandi, fiorenti città adagiate nella pianura ve n'era una diversa da tutte le altre, i cui abitanti vestivano ormai da mesi i panni laceri del lutto e si vietavano ogni manifestazione di gioia. In questa città, entro il recinto sacro, sorgeva un palazzo così immenso da sembrare, più che un edificio costruito dalla mano dell'uomo, una smisurata selva di mattoni o un'arnia dalle celle innumerevoli cresciuta su se stessa per accogliere un gigantesco sciame di api. Eppure tutto era silenzio all'interno di quel palazzo: dalla sala destinata ai banchetti non echeggiavano suoni d'arpa e di cetra, la folla dei postulanti non si accalcava davanti alla sala delle udienze, e il trono si ergeva vuoto accanto alla statua d'oro e lapislazzuli che proiettava sul pavimento la sua ombra malinconica.

Tale era l'aspetto della reggia da quando Gilgamesh era scomparso; così vivevano gli abitanti di Uruk, in una condizione di attesa dapprima ansiosa, poi sempre più rassegnata man mano che i giorni trascorrevano senza recare alcuna notizia del re fuggitivo. Ormai non aspettavano nemmeno che egli tornasse, ma solo che una nuova catastrofe li raggiungesse, che il fiume travolgesse il raccolto straripando dagli argini mal vigilati o che una città rivale radunasse il proprio esercito per assalire quel gregge senza pastore.

Ma non accadeva nulla: sembrava che lo scriba cui toccava il compito di incidere sulla pietra il destino della città esitasse, lo stilo sospeso tra le dita, e nel tempo di quell'indugio essi seguitavano a vivere coltivando con meccanica perseveranza le loro abitudini. I venditori sciorinavano ogni mattina le merci dinanzi agli usci delle botteghe, i fabbri forgiavano i metalli, i falegnami non avevano ancora finito di trasformare in mobili e suppellettili i cedri che Enkidu e Gilgamesh avevano portato dal paese del vivente. Intanto però la salda rete che li aveva uniti si sfilacciava, giorno dopo giorno le sue maglie cedevano, poiché non vi era più chi proteggesse il povero dalla rapacità del ricco, chi conoscesse l'orfano e la vedova, chi stabilisse pesi e misure secondo un criterio immutabile. Nella confusione generale ciascuno era divenuto una città a sé, pavida e violenta, tenacemente arroccata entro le proprie mura e pronta ad aggredire i vicini appena ne scorgesse l'occasione e il vantaggio. Così, incrociandosi nei giardini, coloro che un tempo erano soliti accompagnarsi l'uno con l'altro o sedere insieme a conversare all'ombra degli alberi si scambiavano occhiate diffidenti, come estranei su una strada buia e malsicura; così i bottegai non concedevano a credito neppure un pane, e ai pozzi le donne si disputavano la precedenza con un accanimento sconosciuto persino nei duri giorni della siccità.

Dai templi intanto, tra le spire odorose dell'incenso, si levava la supplica dei sacerdoti, sempre la stessa, sempre più sfiduciata via via che le settimane trascorrevano senza recare notizie del re fuggitivo, e i devoti, giungendo le mani dinanzi alle mute effigi degli dèi, si domandavano quando uno di loro avrebbe acconsentito infine a dire "basta" e a porre un termine a quell'attesa desolata.

E di notte erano in molti a vegliare, nelle case dei

poveri come in quelle dei ricchi, rigirandosi inquieti sui pagliericci o tra le coltri dei letti fastosi: vegliavano, lo sguardo fisso nel buio, e nel silenzio che avvolgeva le strade tendevano l'orecchio per cogliere il lievissimo scricchiolio prodotto dallo stilo sulla tavola del destino.

V

Molte notti trascorsero, e molti giorni, e nella landa remota al confine della pianura il pastore seguitava a condurre quotidianamente al pascolo le sue pecore. Un mattino però, mentre sedeva in riva allo stagno canticchiando a fior di labbra la solita canzone, sentì di nuovo tra le canne un fruscio che non era quello del vento, e di nuovo le pecore, impaurite, smisero di brucare per radunarglisi intorno. Ma quando le canne si aprirono, il pastore vide davanti a sé un'alta, nobile figura dalle vesti sontuose, dai lunghi capelli spartiti con cura, dalla ricca barba inanellata che ricadeva a raggiera sul petto. Capelli e barba, il pastore lo notò meravigliato, erano completamente bianchi e producevano un singolare contrasto con i tratti giovanili del viso; ma il suo stupore arrivò al culmine quando si accorse che la fronte dello sconosciuto era cinta di una benda regale.

Agitando il bastone per allontanare le pecore, il pastore si affrettò ad alzarsi; poi giunse le mani al petto e rimase muto e reverente dinanzi al sovrano, senza osare domandargli chi mai fosse, di dove venisse, e cosa l'avesse indotto a vagare a piedi e senza seguito in quella terra sperduta. Anche il re lo fissava in silenzio, ma una luce benevola gli brillava nei grandi occhi scuri, e proprio dagli occhi il pastore finì col riconoscerlo. Incredulo, si azzardò a muovere un passo verso di lui.

«Sì, sono io» disse il re andandogli incontro a sua volta. «Il selvaggio, il folle sconvolto dalla febbre, cui un giorno offristi un giaciglio nella tua capanna.»

«Lo vedo, signore, eppure non riesco a convincermene. Hai dunque compiuto il tuo viaggio, hai trovato colui che chiamano il Lontano?»

A quelle parole lo sguardo del re si incupì. «L'ho trovato» rispose, e non aggiunse altro. Sopraffatto dalla stanchezza crollò a sedere sull'erba; il pastore attese un suo cenno, quindi lo imitò sistemandosi davanti a lui. Ora che poteva osservarlo più da vicino notò che le vesti del sovrano erano nuove e pulite, come se egli le avesse appena indossate prendendole dalle mani sollecite delle cucitrici, i sandali erano lustri, e nemmeno una macchia o un grano di polvere offuscava il lindore della benda di cui era cinta la sua fronte. Eppure il pastore sapeva che per molte leghe all'intorno non vi erano città né palazzi, e che il re doveva aver percorso un lungo cammino in regioni inospitali, su sentieri angusti e fangosi.

«Quando ti offrii il mio giaciglio» gli disse, «non sospettavo certo che tu fossi un re. E quando sparisti tra le canne dirigendo i tuoi passi verso oriente, non immaginavo che ti avrei visto tornare. Ora invece eccoti qui, in queste vesti sontuose che non mostrano la minima traccia di usura, che paiono appena uscite dalle mani delle cucitrici, mentre il tuo volto reca impressi i segni di un viaggio sfibrante e i tuoi capelli sono bianchi come quelli di chi ha molto vissuto. Dimmi dunque, se non è chiedere troppo: come è possibile tutto ciò? Come sei riuscito a scampare ai rischi del cammino, a raggiungere un luogo dove nessun mortale ha mai posato il piede?»

«Sono eventi remoti» rispose il re sospirando, «o

almeno, tali mi appaiono: laggiù infatti il mio tempo scorreva con un ritmo diverso, così lento ed estenuato da rasentare l'immobilità, e gli istanti si dilatavano a dismisura assumendo la consistenza dei giorni, i giorni il greve peso degli anni. Ma poiché usasti pietà e gentilezza al povero folle vestito di stracci, se lo desideri ti racconterò ogni cosa, dividerò con te i miei ricordi come tu dividesti con me il pane e l'acqua della tua borraccia.»

E nella vivida luce del mattino il re cominciò a raccontare, e il pastore, che dapprima lo ascoltava timido e composto sedendo dinanzi a lui con il busto eretto, dopo qualche tempo si adagiò più comodamente sull'erba e così, del tutto dimentico sia delle pecore sia della sua timidezza, rimase ad ascoltare a occhi socchiusi la lunga vicenda di quei prodigi.

VI

Quando ci separammo, raccontò il re, proseguii il mio cammino verso oriente avvicinandomi sempre più alle nere schiene delle montagne. Sono quelli, come sai, i monti impervi posti a guardia del sole, e hanno picchi così alti da toccare la volta celeste, voragini così profonde da raggiungere le tenebre sotterranee. Verso quei monti diressi dunque il mio cammino, poiché sapevo di dover oltrepassarli per arrivare all'oceano dove il sole riposa e sorge, dove si trovano le acque della morte e l'isola del paradiso con la sua eterna promessa di vita. Eppure, te lo confesso, quando vidi venirmi incontro l'ombra nera delle rupi provai un tale sgomento, che forse sarei tornato indietro se mio fratello non avesse camminato con me, se ogni orma impressa dal mio piede sul terreno non fosse stata l'orma di entrambi e di entrambi l'estrema, incerta speranza da cui ero spinto.

Così vinsi la paura e mi inerpicai sulle pendici della montagna, finché scorsi nella roccia una grande porta. Appena aprii quella porta spingendo i pesanti battenti di bronzo sentii che la mia mano perdeva ogni forza, e di nuovo pensai di tornare indietro; poi però dissi: «Coraggio», e mio fratello rispose: «Coraggio», e varcammo insieme la buia soglia lasciando che i battenti si richiudessero adagio dietro di noi.

Che luogo oscuro era mai quello: oscuro come la morte, o come il cieco, terribile abisso in cui precipitiamo ogni notte quando ci addormentiamo. Sì, amico mio, il sonno per me non fu mai una benedizione, la tenebra non mi fu mai propizia. Immagina dunque quale angoscia mi assalisse allora nel ventre di quella montagna, dove non splendeva luce alcuna, dove nulla potevo vedere né davanti a me né alle mie spalle. Tuttavia mi costrinsi ad avanzare, procedendo a tentoni, insinuandomi cautamente tra le pareti che mi si stringevano attorno in un umido abbraccio.

Non so dirti quanto a lungo camminassi: forse per una lega, forse per due, forse addirittura per dieci, poiché la montagna sembrava non aver fine ed era facile smarrire la strada nei suoi meandri contorti. La tenebra si manteneva fittissima, non il più fioco bagliore rischiarava le basse volte di pietra, eppure dinanzi ai miei occhi presero ora a balenare immagini nitide e strane, che si mostravano per un istante e poi tornavano a spegnersi nel buio, e in esse riconobbi ben presto con meraviglia le visioni di sogno che nelle mie notti inquiete erano venute così spesso ad assillarmi.

Emergevano e scomparivano l'una dopo l'altra, come effimere pitture create con i colori più vividi sulla roccia e subito cancellate da una mano frettolosa. Così, mentre procedevo atterrito nel ventre della montagna, vidi il mondo sommerso dalle acque, o ridotto a uno spopolato deserto dove un toro nero galoppava sollevando nubi di polvere; vidi i fiumi che si mutavano in sangue e la strage infinita degli animali, vidi città in rovina, campagne devastate, eserciti che calavano come sciami funesti sulle terre dei vinti, e un'immensa, vaporosa nuvola dalla forma di un fiore che spiegava nel cielo la sua corolla gigantesca mentre sulla tavola del destino lo scriba incideva il nome dell'ultimo uomo. Poi non vidi più nulla, perché i miei occhi erano colmi di lacrime, e quando asciugai le lacrime e mi guardai di nuovo intorno tutte quelle immagini erano svanite, lasciandomi in un'oscurità impenetrabile.

Non so dirti quanto a lungo camminassi ancora: forse per una lega, forse per due, forse addirittura per tre, avanzando a tentoni, insinuandomi tra le pareti rocciose, senza poter scorgere nulla né davanti a me né alle mie spalle; infine però mi sentii sfiorare il viso da un alito di vento, e quel tocco mi fu più dolce e gradito di quanto non lo fosse mai stata la carezza di una donna.

Proseguii, animato di nuovo coraggio, e fra le scure pareti che mi circondavano a un tratto vidi filtrare il tenue chiarore dell'alba. Quanto più avanzavo, tanto più quel chiarore cresceva, e quanto più cresceva tanto più io acceleravo il passo: ormai non rischiavo di smarrirmi, perché la luce mi guidava tracciando sul terreno un nitido sentiero.

Così proseguii, forse per una lega, forse per due, e il cuore mi batteva sempre più forte dall'impazienza di rivedere il sole; ma quando i suoi raggi irruppero nudi e vittoriosi dissipando del tutto la tenebra della montagna, dovetti fermarmi, e a lungo rimasi immobile, abbacinato dalla splendente vastità che infine tornava a schiudersi davanti a me.

VII

Appena i miei occhi si furono riabituati alla luce uscii dalla montagna, continuò il re mentre il pastore lo ascoltava assorto, e vidi che mi trovavo sulla riva dell'oceano. Dinanzi a me si estendeva un giardino rigoglioso, dove crescevano magnifici alberi da frutto e le aiuole traboccavano di fiori; almeno, così mi parve sulle prime, ma quando mi avvicinai scoprii come gli alberi fossero in realtà lunghi steli d'argento, i frutti gemme brune o dorate che pendevano tra azzurre foglie di lapislazzuli, e i fiori perle e corniole, diaspri e zaffiri, disposti a corolla intorno a centri di purissimo oro.

Compresi allora di essere giunto nel giardino degli dèi, di cui forse avrai udito raccontare: quel luogo dove ogni cosa brilla di un fulgore eterno, dove non esiste il dolore e non si conosce la dura vicenda delle stagioni. E davvero il mio sguardo, ovunque si posasse, incontrava soltanto uno scintillio di pietre e metalli preziosi che il mare, acceso di vibranti riflessi dai raggi del sole, sembrava espandere sino all'orizzonte.

Mi inoltrai dunque in quel giardino riparandomi gli occhi con il palmo di una mano, poiché non avrei saputo reggere un simile splendore dopo il lungo tragitto nel ventre tenebroso della montagna. Mentre così camminavo, e il fine pulviscolo di gemme che ricopriva il sentiero scricchiolava leggermente sotto i miei piedi, a un tratto vidi una donna seduta sulla riva. Mi dava le spalle, con il viso rivolto verso l'oceano, perciò potevo scorgere soltanto il velo che l'avvolgeva lasciando trasparire la massa nera e inanellata dei capelli, ma credetti di essermi imbattuto nella dea Inanna, la più crudele tra le dee, e sentii il cuore balzarmi in petto. Invece quando si girò, allarmata dallo scricchiolio dei miei passi, mi resi conto che si trattava di una fanciulla dal corpo snello, dalle forme delicate. Alla mia vista era balzata in piedi quasi volesse fuggire, ma poi rimase dov'era, guardandomi fisso, mentre io mi avvicinavo lentamente per non intimorirla.

«Chi sei, fanciulla?» domandai in tono gentile fermandomi a una certa distanza; il mio nome però non lo dissi, non volli ricordarlo neppure di fronte a lei. Tuttavia la fanciulla mi riconobbe, e forse sapeva anche di colui che camminava invisibile al mio fianco, poiché ora mi venne incontro con un'espressione incuriosita e compassionevole e prima di rispondere lasciò indugiare su di me lo sguardo dei lunghi occhi neri.

«Mi chiamo Siduri» disse infine, «sono io a preparare il vino riservato agli dèi. Lo faccio fermentare in un tino d'oro, lo verso in una coppa d'oro, ed è una bevanda squisita e inebriante, che infonde un oblio gioioso al cuore di chiunque l'assaggi. Quanto a te, non occorre che tu mi dica il tuo nome; ma se sei davvero chi penso, se sei colui che sconfisse il gigante nella foresta dei cedri, che sgominò il toro celeste, che incise la sua gloria sulle tavolette, perché mai vieni qui vagando come una bestia lasciata indietro dal branco, perché ti cingi i fianchi di stracci e hai la chioma canuta di un vecchio? Prima, scorgendoti da lontano, credevo che tu fossi un uomo malvagio; ora però ti riconosco, e vedo la disperazione sul tuo volto.»

«Se vedi la mia disperazione, Siduri, sai anche cosa mi ha condotto fin qui. Che importa aver sconfitto il gigante, aver sgominato il toro, aver inciso la mia gloria sulle tavolette? Da quando mio fratello mi fu rapito dal demone, tutto ciò è diventato un nulla.»

A quelle parole Siduri sollevò una mano e me la passò sul viso in una lieve carezza. «Se cerchi l'oblio, posso offrirtelo: riempirò per te la coppa d'oro, ti farò gustare il vino degli dèi.»

«L'oblio? E come potrei desiderarlo? Questi ricordi tormentosi sono ormai la dimora di mio fratello, l'estremo rifugio che gli rimane sulla terra. No, Siduri, non sono venuto per cercare l'oblio nella tua coppa d'oro.»

«Che cosa cerchi, allora?»

«Il modo di vincere quel demone.»

Siduri sorrise. «Guardati attorno: le gemme splendono di un fulgore incorruttibile, e nessuna tempesta potrà mai abbattere i fusti d'argento degli alberi. Ma il tuo corpo, come il corpo di tuo fratello, non è fatto d'argento né di lapislazzuli, non possiede la saldezza del metallo né l'eternità della pietra. Dall'argilla fu tratto e argilla è destinato a tornare, poiché quando crearono l'uomo gli dèi gli assegnarono la morte, la vita la tennero per sé. Non disperarti dunque per ciò che non ha rimedio: l'esistenza terrena non offre forse gioie a sufficienza, nel breve tempo che ti è concesso?»

«E dovrei accontentarmi di questo nulla, di questo soffio di vento?»

«Anche il vento» replicò Siduri sollevando di nuovo il braccio verso di me, «può accarezzare il viso con dolcezza, anche nel fondo di una coppa si può trovare per un istante la beatitudine degli dèi. Vieni: ti condurrò nella mia capanna, dividerò con te il mio letto di giunchi, e a poco a poco saprò guarirti dalla febbre che ti sconvolge la mente.»

Detto questo, la fanciulla si incamminò lungo la riva e con un gesto suadente mi invitò a seguirla. Il suo incedere aveva la grazia di una danza, il suo piede nudo si posava sul terreno con tale levità da non produrre neppure il più piccolo scricchiolio, e a ogni passo il velo le ondeggiava intorno al corpo mettendone in risalto le linee flessuose. Così camminava Siduri e io la seguivo, quasi illudendomi che avrei potuto davvero trovare l'oblio nel fondo della sua coppa d'oro, assaporare nella morbida stretta delle sue braccia quella pace che da sempre mi era negata.

VIII

A lungo vissi nella capanna di Siduri, giacendo con lei sul letto di giunchi, bevendo dalla coppa d'oro che mi porgeva tra le sue mani affusolate. Eppure quel vino così dolce, che dona a tutti gli dèi oblio e beatitudine, a me infondeva soltanto una struggente nostalgia, e anche dagli abbracci della fanciulla mi scioglievo ogni volta stordito ma non appagato, come se dinanzi agli occhi seguitasse ad aleggiarmi l'immagine di una promessa inadempiuta. Allora uscivo dalla capanna e vagavo solo per i tortuosi sentieri del giardino, ma lo splendore dei fusti d'argento, il luccichio delle perle e del lapislazzuli mi agghiacciavano il cuore, forse perché il mio cuore non era metallo né pietra, era argilla polverosa, e si sentiva sempre più spaesato tra quelle cose eterne e perfette.

A passi inquieti percorrevo e ripercorrevo la riva, mentre dalla soglia della capanna Siduri mi osservava preoccupata, e spingevo lo sguardo nelle sfocate lontananze dove sorgeva l'isola che i miei occhi non potevano vedere.

Una volta ne parlai con la fanciulla, le illustrai, come avevo fatto con te, il mio proposito di raggiungere Ziusudra e di apprendere da lui come vincere il demone che mi incalzava. Siduri mi ascoltò in silenzio, il volto atteggiato a un'insolita gravità.

«Nessun uomo» ribatté poi con decisione «può attraversare l'oceano al cui centro scorrono le acque della morte. Il sole può varcarlo, sul suo carro di fuoco, inabissandosi ogni sera dietro l'orizzonte e risorgendo indenne ogni mattina; ma oltre a lui, chi mai sarebbe in grado di farlo?»

Così disse, e lo ripeté tanto spesso che infine non feci più parola di quel proposito temerario. Soltanto a mio fratello confidavo ancora le gracili, incerte speranze che seguitavo a nutrire, quando mi allontanavo dalla capanna per vagabondare sulla riva e i miei passi erano di nuovo i suoi passi, e il mio sguardo e il suo si spingevano insieme ai confini dell'oceano.

Continuai dunque a vivere nel giardino, sprofondando giorno dopo giorno in un'inerzia sempre più rassegnata. Ormai non avevo neppure la forza di camminare lungo la riva: mi limitavo a sedere davanti al mare, immobile, lo sguardo fisso nel vuoto. Finché una volta, mentre così sedevo, Siduri mi si accostò, e quando mi girai verso di lei vidi che aveva gli occhi colmi di lacrime.

«Parti, se ti è impossibile rimanere» disse con una voce incrinata che non le conoscevo, «corri incontro alla morte mentre ti illudi di sfuggirle. Io non ti tratterrò più, non mi basta il cuore per farlo: vedo bene la disperazione che è sul tuo volto.»

«Se vedi la mia disperazione, Siduri» risposi attirandola a sedere accanto a me, «aiutami a sperare di nuovo, insegnami come attraversare queste acque.»

«Le acque della morte» disse lei dopo aver riflettuto a lungo «non si possono attraversare a forza di remi, né lasciandosi sospingere da una vela tesa al vento: quando le raggiungerai, se mai le raggiungerai, comprenderai la verità delle mie parole. Quelle acque, sappilo, sono talmente insidiose che ne basta una sola goccia per annientare un uomo. Io però ti insegnerò come costruire una barca profonda, in grado di proteggerti tra i suoi alti fianchi. Ti condurrò nella foresta, dove taglierai con la scure cento pertiche, appuntendone un'estremità: quando arriverai alle acque della morte, se mai ci arriverai, dovrai spingere avanti la barca conficcando ogni volta una pertica nel fondo marino.»

«Farò come dici» risposi, e mi alzai, impaziente di mettermi all'opera. Allora Siduri mi condusse nella foresta, dove con la scure tagliai il legno che occorreva per le cento pertiche e la barca dagli alti fianchi, e da quel momento ogni traccia di languore abbandonò le mie membra. Mi alzavo all'alba, sciogliendomi dall'abbraccio di Siduri, e lavoravo fino al calar del sole a costruire la barca mentre lei, ritta sulla soglia della capanna, mi seguiva con uno sguardo triste e attento. Di tanto in tanto mi correggeva gridandomi qualche parola d'istruzione, oppure veniva a porgermi la coppa d'oro perché placassi la sete con il vino degli dèi. E quando infine la barca fu pronta, lei stessa mi aiutò a spingerla in mare impiegando tutta la forza delle sue esili braccia; poi rimase a guardarmi dalla riva mentre mi allontanavo sulle acque tempestose.

IX

E dopo, che accadde? domandò il pastore impaziente. Arrivasti davvero alle acque della morte?

Ci arrivai, rispose il re, attraversando un tratto di mare agitato, dove le onde scotevano la mia barca e il vento mi sibilava all'orecchio fragorose minacce. All'improvviso però il vento tacque, neppure il soffio più flebile increspava la superficie che ora si stendeva piatta e immobile come una lastra d'argento. Erano quelle le quiete acque della morte, tanto insidiose che ne basta una goccia per annientare un uomo. Ma io mi posi al centro della barca, protetto dagli alti fianchi, e l'una dopo l'altra conficcai nel fondo le mie cento pertiche. Così mi aveva insegnato la fanciulla, e così feci, lanciando solo qualche occhiata fuggevole all'abisso che si spalancava sotto di me, vuoto e immane, senza traccia di creature viventi.

Fu un lento, faticoso tragitto: le braccia mi dolevano a forza di spingere avanti la barca, e l'aria che mi circondava era così greve che a stento riuscivo ancora a respirare. Le cento pertiche che avevo accatastato nella barca divennero cinquanta, poi venti, poi dieci, e già temevo il momento in cui avrei affidato anche l'ultima al fondo del mare e mi sarei ritrovato inerme e senza risorse sulla liscia superficie di quelle acque. Ma Siduri aveva fatto bene i suoi calcoli, poiché prima di impugnare l'ultima pertica sentii la barca beccheggiare leggermente, e un alito di brezza mi sfiorò le guance accaldate.

Puoi immaginare quale sollievo provassi, ma divenne più grande ancora quando, scrutando attraverso la foschia salmastra, intuii in lontananza il confuso profilo di una terra. La brezza spirava proprio in quella direzione, e io seppi approfittarne: ritto al centro della barca, mi spogliai degli stracci che avevo addosso e tendendo le braccia li levai in alto. Così il mio corpo servì da albero, le mie lacere vesti da vele; così, con il favore del vento, ripresi a navigare verso l'isola. Dapprima era soltanto un nastro verde tagliato dalla prua serpentina della barca, poi crebbe a poco a poco sotto i miei occhi e potei scorgerne gli anfratti e le sinuosità, i promontori boscosi e i lunghi, scintillanti arenili.

Quanto più mi avvicinavo alla costa, tanto più la foschia si diradava lasciando il posto a una limpida luce meridiana nella quale tutte le cose si mostravano con contorni nettissimi, sicché ormai riuscivo a discernere chiaramente ogni scoglio, ogni singolo albero, e mi pareva persino di poter contare ad uno ad uno gli infiniti granelli della sabbia che ammantava la riva; e in quella luce, su quel lido assolato, vidi infine la figura di un uomo, così chiara da sembrare anch'essa composta di sabbia e da risultare a stento distinguibile contro il pallido sfondo dell'arenile. Avvolto in una lunga veste bianca, ritto sull'umida striscia che segnava il confine tra l'acqua e la terra, l'uomo teneva lo sguardo puntato su di me, senza mai distoglierlo, e neppure io distolsi più lo sguardo da lui mentre mi avvicinavo adagio con il favore del vento. Smisi di osservarlo solo quando sentii la chiglia della barca toccare il fondo e dovetti scendere in acqua per spingerla a riva.

Ora che finalmente ero in salvo sul suolo sicuro dell'isola, tornai a volgermi verso quell'uomo e gli feci un segno di saluto; lui però rimase dov'era, seguitando a fissarmi con timida curiosità. Vidi che il suo volto era il volto glabro di un vecchio, solcato da un minuzioso intrico di rughe, le sue membra erano lunghe e gracili, il colorito pallido come se il tempo lo avesse sbiadito a poco a poco. Quello era dunque il Lontano, pensai con stupore: quella creatura diafana che ora rispondeva al mio saluto disegnando nell'aria un gesto lento e incerto, e a passo ancor più lento e incerto mi si avvicinava squadrandomi di sotto le palpebre azzurrognole.

Neppure dinanzi a lui volli ricordare il mio nome, ma credo che egli mi riconoscesse già allora, e già allora forse poteva scorgere il compagno invisibile che aveva attraversato l'oceano con me e con me era approdato sull'isola. In ogni caso non mi domandò chi fossi; restò a osservarmi in silenzio, tremando leggermente sotto la veste bianca, e io capii che la presenza di un suo simile doveva essere per lui un evento strano e meraviglioso, tale da colmargli il cuore di trepidazione.

«Lasciati guardare» disse infine sollevando cautamente una mano verso di me e tastandomi il viso, le braccia, le spalle, quasi non si capacitasse di sentire sotto le dita la viva consistenza della mia carne. «Davvero hai potuto varcare le acque insidiose della morte e giungere fino a me, in questa lontananza?»

«Ziusudra» risposi, «ho dovuto varcare le acque insidiose della morte, ho dovuto raggiungerti nella tua lontananza. Vengo a te come un supplice, le mani giunte al petto, per chiederti aiuto e consiglio contro il demone che mi opprime.»

«Calmati, uomo, e non avere fretta. I tuoi gesti sono troppo bruschi, le tue parole troppo impetuose per quest'isola dove il tempo non scorre e ogni cosa riposa quieta in se stessa, godendo dell'immobile luce meridiana. Vieni dunque nella mia casa, dividi con me il ristoro del cibo e delle bevande; poi, quando ti sarai abituato al ritmo lento e misurato che qui governa ogni cosa, potrai giungere le mani al petto ed espormi la tua supplica.»

Così disse, e si incamminò lungo la riva sabbiosa invitandomi a seguirlo con un cenno estenuato del braccio.

X

La casa del Lontano era bianca come la sua veste, come la roccia in cima alla quale sorgeva, sospesa a picco sul calmo specchio delle acque. E davvero, mentre con il mio ospite ne attraversavo i vasti cortili inondati di luce, vidi l'agnello sonnecchiare tra le zampe del lupo e il leone accostarsi a noi mansueto per mangiare i frutti che il padrone gli porgeva sul palmo proteso. Animali di ogni specie si aggiravano per quei bianchi cortili, domestici e selvatici, le fiere accanto alle prede inermi, e tutti si muovevano con la stessa indolenza che già avevo imparato a conoscere in Ziusudra, senza che la blanda monotonia del loro incedere fosse mai turbata da un balzo o da un accenno di corsa.

Quando poi entrammo all'interno dell'edificio mi trovai circondato di mobili dalle forme gracili e allungate, di stoffe così morbide da sembrare tessute con i lembi delle nuvole, di tinte tenuissime che la luce sfumava ulteriormente quasi dissolvendole nel suo barbaglio. Nulla di massiccio, nulla di solido sembrava esservi in quelle sale, e mentre ne percorrevo con Ziusudra il chiaro labirinto avevo l'impressione che il mio corpo fosse l'unica cosa concreta in un regno di evanescenti parvenze.

In una di quelle sale, come aveva promesso, Ziusudra divise con me il ristoro del cibo e delle bevande, anch'esse così delicate e inconsistenti da farmi dubitare che potessero mutarsi in sangue; comunque mangiai di buon grado, sia per la fame, sia per compiacere il mio ospite. Questi si era rinfrancato del tutto e con voce insicura, componendo laboriosamente le frasi che non era più abituato a pronunciare dopo millenni di silenziosa solitudine, si abbandonava a poco a poco al piacere dimenticato della conversazione. Con insaziabile curiosità mi chiese notizie del mondo, volle sapere quali città sorgessero oggi nella pianura solcata dai due fiumi, quali re le governassero, quali guerre venissero combattute, e si fece descrivere minuziosamente le architetture dei templi, le fogge degli abiti, tutti i più trascurabili particolari dell'esistenza quotidiana. Solo della mia città non mi chiese nulla, e del sovrano che vi regnava, come se già ne conoscesse le vicende per qualche via misteriosa.

«Sì, caro amico» disse poi portando la coppa alle labbra e sorbendone il contenuto a piccoli sorsi svogliati, «tu sei il primo uomo a raggiungermi da quando vivo qui, relegato in questa eterna lontananza. Ormai, dopo tanti millenni, l'aspetto di quelli che erano i miei simili mi appare bizzarro, quasi fossero creature fatate, e a stento ne rammento ancora il linguaggio e le consuetudini: eppure la nostalgia di loro non mi ha mai abbandonato del tutto e ora, osservandoti, la sento vibrare nel mio cuore come un'eco sommessa ma imperiosa. Perciò, perché mi hai riportato il ricordo degli uomini su questo lido remoto, provo verso di te una grande benevolenza. Dimmi dunque di quell'ombra muta e invisibile che accompagna i tuoi passi, che replica ogni tuo gesto come l'immagine riflessa da uno specchio; dimmi perché hai i fianchi cinti di stracci, e la chioma canuta, e il volto oscurato dalla disperazione.»

«L'ombra che mi accompagna, Ziusudra, è quella di

mio fratello. Da quando il demone me lo rapì non ho più trovato riposo, ho vagato per le lande come un animale selvatico, ho attraversato il buio orrore della montagna e varcato l'oceano su una barca oscillante; così sono arrivato fin qui, stremato a tal punto dal mio lungo vagabondare che le giunture mi dolgono e i capelli hanno perduto il colore della giovinezza.»

«Che cosa cerchi, dunque?» domandò lui scrutandomi perplesso.

«Aiuto e consiglio» risposi «per vincere il demone che mi opprime. Tu, Ziusudra, unico tra gli uomini, fosti accolto dagli dèi nella loro cerchia immortale. Ora però ti guardo e vedo che il tuo corpo non è saldo metallo né pietra incorruttibile, è un corpo d'argilla, tale e quale al mio, e mostra tutti i segni della vecchiaia e della debolezza. Dimmi dunque, come è stato possibile?»

«Già, come è stato possibile?» ripeté Ziusudra pensieroso. «A volte me lo domando io stesso, e mi domando se gli dèi abbiano voluto ricompensarmi oppure impartirmi un castigo dandomi questa eternità in cambio del tempo, del mio tempo, che mi avevano tolto. Ma tu davvero non sai rassegnarti al tuo destino di uomo, accontentarti di quei rari, perfetti istanti di beatitudine che ancora rammento così bene e che la vita può offrire a chi non veda schiudersi dinanzi a sé una durata infinita? A me purtroppo sono preclusi, come mi è precluso il sonno, quella breve morte voluttuosa cui voi vi abbandonate ogni notte.»

«Voluttuosa, dici? Per me non lo fu mai. E di quegli istanti perfetti di cui parli come potrei accontentarmi, quando so che sono un nulla, e che neppure il loro ricordo mi seguirà nella casa di polvere?»

Ziusudra, il Lontano, contrasse in un sorriso le pallide labbra raggrinzite. «Un tempo anch'io temevo tutto ciò, come lo temi tu. Ora invece, te lo confesso, quando vago da solo su queste rive eternamente immerse nella radiosa fissità del meriggio, o quando siedo qui in casa osservando le ombre degli animali scorrere lentissime sulle pareti, vi sono momenti, momenti che durano secoli, in cui provo disgusto per la mia immortalità, così vacua e informe, irrigidita in una persistenza priva di scopo. Allora invidio la sorte dell'effimera, di quel piccolo insetto che da voi si libra in volo sui fiumi: dall'alba al tramonto vede il volto del sole, le sue ali trasparenti ne riflettono la luce, e poi più nulla. Sì, per quanto strano possa sembrarti, mi accade persino di rimpiangere i giorni remoti nei quali ancora affrontavo un destino sulle acque tumultuose del diluvio.»

«Rimpiangi il dolore, Ziusudra?» domandai meravigliato. «Oppure vi è qualcos'altro, in quei giorni, che ancora oggi te li rende preziosi?»

«Vi è qualcos'altro» rispose il vecchio, «ma ormai ho così scarsa dimestichezza con la lingua degli uomini, che se tentassi di spiegartelo forse non mi comprenderesti.»

«Perché non dovrei comprenderti? Racconta, ti prego: sono eventi grandiosi che le generazioni si tramandano da millenni, eppure a noi ne è giunta soltanto un'eco confusa, e nessuno li ha mai uditi narrare dalla tua bocca.»

E il Lontano cominciò a raccontare, e io, che dapprima lo ascoltavo a busto eretto seguendo i gesti accennati dalle sue mani scarne, osservando le vaghe, sbiadite tracce d'emozione che quei ricordi gli facevano affiorare sul viso, dopo qualche tempo mi appoggiai più comodamente sui cuscini, e attraverso le palpebre socchiuse non vidi più colui che raccontava, ma soltanto le immagini evocate dalle sue parole.

XI

Già ti ho detto, cominciò Ziusudra, che da tempo immemorabile non conosco più il sonno, da quando gli dèi mi fecero immortale e mi posero a vivere su quest'isola; da allora non conosco più la tenebra, né le visioni che essa elargisce ai dormienti. Ma una volta, quando vivevo come un uomo tra gli altri uomini, sogni ora benigni ora spaventosi venivano a me quasi ogni notte, e appunto uno di quei sogni mi rivelò la calamità che si preparava.

Da principio fu un soffio di vento: mentre dormivo lo udii sferzare i muri della mia stanza, fischiando e sibilando, finché il sibilo divenne una voce, e la voce disse: «Casa di canne, casa di canne, stai in guardia! E tu, Ziusudra, uomo retto, abbatti la tua casa per costruire una nave, lascia ogni tuo avere e cerca il vivente».

Così disse la voce; poi mi fu mostrata l'alta sala celeste dove si erano riuniti gli dèi, tutti con le chiome ingrigite, con rughe sottili agli angoli degli occhi, con le tempie percorse da azzurri reticoli di vene: una stirpe troppo antica, troppo segnata dal declino per poter tollerare l'infantile esuberanza del genere umano che proprio allora muoveva i primi passi sulla terra. Le grida e i clamori degli uomini, le loro battaglie, il loro alacre affaccendarsi, perseguitavano gli dèi sin nelle aeree dimore del cielo, ne turbavano gli ozi eterni, ma soprattutto instillavano goccia a goccia in quei cuori estenuati una sorda, rabbiosa invidia per creature così giovani e ignare, sulle cui spalle non gravava ancora il peso dei millenni.

Di tutto ciò ora si lagnavano mormorando con voce velata le loro accuse, sollevando le braccia in stanchi gesti di esecrazione, scrollando le teste canute come per scacciare quello strepito insistente che li raggiungeva anche lì, nell'alta sala del cielo, e si consigliavano sul modo migliore di sbarazzarsi dei nuovi arrivati. Finché qualcuno non suggerì di mandare il diluvio sulla terra per sterminare l'uomo con tutte le specie degli animali, distruggendone persino il seme, riducendo il mondo a un silenzioso deserto. E quando udii quelle parole terribili, capii perché la voce mi avesse ordinato di costruire una nave e di lasciare ogni possesso per volgere il mio pensiero alla salvezza delle creature viventi.

Mi svegliai con il viso inondato di lacrime, con il cuore stretto dall'angoscia. Sono i terrori dei mortali, che anche tu conosci bene: paralizzato, incapace di riavermi dall'atterrita stupefazione che mi aveva invaso, non facevo che pensare alla mia vita breve, alla tetra oscurità della casa di polvere dove presto sarei dovuto scendere, quando le gonfie nubi che già andavano addensandosi nel cielo si sarebbero squarciate e il diluvio avrebbe invaso la terra.

Disperavo di tutto, e non sapevo venire in aiuto né a me stesso né ad altri. Infine però, mentre meditando sulla mia sventura seguivo con sguardo assorto il volo di uno stormo d'uccelli che si libravano sereni tra quelle nuvole minacciose, a un tratto compresi davvero cosa avesse voluto dirmi la voce del vento esortandomi ad abbandonare quanto possedevo; e appena l'ebbi compreso non pensai più alla casa di polvere, non indugiai più a piangere sulla sventura che mi sovrastava, ma volsi il mio pensiero al vivente e mi accinsi a costruire la nave.

Era una nave immensa, dove poteva trovar rifugio il seme di tutte le creature, e se ci ripenso adesso, i giorni in cui la costruivo lavorando senza posa sotto un cielo nero di nubi furono forse i più lieti della mia vita, poiché allora non ero «il Lontano»; anzi, mi sentivo prossimo a ogni cosa, unito a tutti gli esseri in un medesimo respiro.

Per sei giorni e sei notti lavorai, ora alla luce del sole che filtrava avara dal cielo aggrondato, ora al rosso chiarore delle torce, e il settimo giorno la nave fu pronta. Vi feci salire i miei servi e i membri della mia famiglia, uomini e donne, vecchi e fanciulli, e ciascuno aiutò a trasportarvi acqua e provviste; vi feci salire il fabbro e l'orefice, il tessitore e il falegname, per conservare la memoria dei loro mestieri, e animali di ogni specie, domestici e selvatici, affinché il seme del vivente non andasse perduto. Anche gli uccelli del cielo catturammo, con reti dalle maglie sottili, e quando li liberammo presero a volteggiare frenetici nel chiuso spazio della nave, urtando contro le paratie.

Appena ebbi compiuto tutto ciò, la scarsa luce diurna si mutò di colpo in una tenebra dove ardevano soltanto lividi bagliori: quasi non riuscivo a credere che oltre quella coltre si inarcasse ancora l'azzurro del cielo e che il sole lo percorresse come ogni giorno sul suo carro di fuoco. Poi si ruppero le dighe che trattengono le acque sotterranee, crollarono tutti gli argini, come se un dio li avesse abbattuti con la sua mano possente, e la tempesta si riversò sul mondo, cieca e fragorosa, simile all'impeto di una battaglia. Ma poiché avevo rinunciato alla mia casa per costruire la nave, poiché avevo lasciato ogni possesso per cercare il vivente, io galleggiavo incolume sui flutti portando con me il seme di tutte le creature.

Per sei giorni e sei notti il diluvio sommerse la terra, mentre noi navigavamo sui flutti custodendo la speranza del mondo. Nel buio ventre della nave, tra i fianchi di legno che la tempesta scoteva senza posa, non vedevamo nulla di quanto stava accadendo fuori, ma mescolate al fischio del vento e al mugghiare imperioso delle acque ci giungevano a tratti le grida che uomini e animali, prima di soccombere, levavano disperatamente verso il cielo nemico, e forse persino gli dèi gridavano, acquattati nelle loro alte dimore, premendosi le mani sugli orecchi per non udire il rombo terrificante di quella bufera.

Per sei giorni e sei notti il diluvio sommerse la terra, ma all'alba del settimo giorno la tempesta parve infine allentare la presa feroce in cui aveva stretto così a lungo la nostra nave. Ora non sentivamo più il fischio del vento, non sentivamo più il mugghiare delle acque, e anche le grida erano cessate. Ma i miei compagni sedevano muti e tremanti senza trovare il coraggio di accostarsi ai boccaporti, gli animali rimanevano rannicchiati l'uno contro l'altro, il leone accanto alla gazzella, l'agnello tra le zampe del lupo, troppo sgomenti per rammentare i propri istinti di predatori o quella pavida circospezione che la natura suggerisce alle prede. Persino gli uccelli, che durante la tempesta avevano seguitato a volteggiare impazziti sopra le nostre teste, ora non osavano spiegare le ali: restavano fermi, appollaiati sulle traverse, chinando su di noi uno sguardo disorientato.

Toccò a me riscuotermi per primo da quella sbigottita immobilità. Raggiunsi un boccaporto e quando lo aprii fui sfiorato da un raggio di sole, così vivo e intenso da costringermi per un istante a chiudere gli occhi. Poi mi affacciai a guardar fuori, ma non vidi altro che acqua, una piatta, sterminata distesa dalla quale non emergeva neppure un albero o il muro diroccato di una casa. Allora seppi che tutta l'umanità era stata trasformata in argilla, tutto il mondo in un deserto silenzioso, e ruppi in pianto lasciando scorrere le lacrime sulle mie guance. Fu quella, credo, l'ultima volta che piansi.

XII

Qui Ziusudra tacque e io lo guardai. Mentre pronunciava le ultime parole avevo colto un lieve tremito nella sua voce, ma il ciglio era asciutto, come se neppure il ricordo del diluvio fosse in grado di strappare una lacrima a quegli occhi stanchi e inariditi.

«Sono eventi remoti» dissi sollevandomi di nuovo sui cuscini, «eppure familiari a tutti gli uomini. Tutti sanno come, dopo aver navigato ancora per molte leghe, la tua nave si incagliò sulla cima di un monte, come allora tu mandasti fuori una colomba, poi una rondine e infine un corvo, e quando il corvo non fece ritorno capisti che le acque si erano ritirate.»

«Sì: e allora uscii dalla nave, seguito da coloro che si erano salvati con me, e per riconciliarmi con gli dèi versai una libagione sulla cima del monte. Ma hai ragione tu, sono eventi remoti. Ora la terra brulica di vita, le città prosperano, e nessuno ricorda più la generazione cancellata dal diluvio. Io però non ho dimenticato, e quando spingendo lo sguardo verso i confini dell'oceano vedo le nubi addensarsi sulle terre abitate dagli uomini, mi domando a volte se non stia preparandosi una nuova calamità, se nuovi pericoli non minaccino il vivente.»

Così disse Ziusudra, ma io non badai alle sue parole: altre cose volevo udire da lui, altre risposte alla supplica che gli avevo rivolto. E nella mia impazienza osai sollecitare quel vecchio ormai ignaro del tempo, insistendo perché mi svelasse il segreto di una vita immortale.

«Vuoi proprio saperlo?» rispose lanciandomi un'occhiata in cui mi parve di scorgere una lieve sfumatura di scherno. «Proprio non puoi rassegnarti al destino comune? Bene, poiché ti ostini a domandarmelo te lo dirò: se tu fossi capace di sfuggire alla morte breve, sfuggiresti anche alla morte eterna; se tu riuscissi a vincere il sonno per sei giorni e sei notti, tanto a lungo quanto io rimasi nel buio scafo della nave, i tuoi occhi non si chiuderebbero mai più.»

«È così semplice?»

«Sì, è così semplice. Lo è per me, almeno, che non dormo da millenni. Tenta pure la prova, se vuoi: non sarò io a impedirtelo.»

Questo disse il Lontano, e certo si prendeva gioco di me; io però non seppi capirlo, sedotto com'ero dalla mia speranza che a un tratto mi pareva tanto prossima all'adempimento. Solo più tardi avrei compreso l'astuzia celata in quelle parole e più tardi ancora ne avrei riconosciuto l'intenzione benevola, come di un maestro che ricorra a uno stratagemma per vincere l'ottusa cocciutaggine dell'allievo.

Cedendo alle mie preghiere Ziusudra mi condusse dunque in una stanza dove ogni cosa era bianca, bianche le pareti, bianchi i mobili, bianca la stuoia che copriva il pavimento e il divano dalle forme sinuose che si levava al centro, coperto di soffici cuscini. Qui mi lasciò, dopo aver disposto sulla tavola i cibi e le bevande di cui avrei avuto bisogno, e io sedetti sul divano preparandomi a vegliare sei giorni e sei notti, tanti quanti ne durò il diluvio, a vincere la morte breve così da sfuggire per sempre alla morte eterna.

Tutto era quiete e silenzio intorno a me; solo a tratti, guardando verso il cortile, scorgevo la sagoma di un animale che incedeva lento, senza rumore, o vedevo il mio ospite affacciarsi per un attimo e scomparire dopo aver scambiato con me un cenno d'intesa. A tali cenni rispondevo ogni volta con spavalda noncuranza, certo com'ero che avrei potuto prolungare la veglia sino al termine prescritto: se anche non fossero bastati i miei pensieri a mantenermi desto, né il segreto sostegno che mio fratello mi prestava dividendo con me quell'attesa, la nitida luce meridiana, penetrando a fasci nella stanza, mi avrebbe comunque impedito di chiudere occhio.

Non so dire se in tal modo trascorressero giorni, ore o minuti. Ti ho già spiegato che il tempo, sull'isola del paradiso, smarriva ogni umana misura, né avrei potuto calcolarlo osservando il variare della luce, l'allungarsi o accorciarsi delle ombre: la luce infatti era sempre uguale a se stessa, fissata nella piena intensità del meriggio, e le ombre erano sempre brevi, come da noi quando l'astro diurno raggiunge la massima altezza sull'orizzonte. Solo gli impulsi della fame e della sete venivano di tanto in tanto a interrompere quell'uniformità; allora li placavo prendendo qualcosa dalla tavola, ma con parsimonia, poiché le provviste lasciate da Ziusudra avrebbero dovuto bastarmi per sei giorni e sei notti.

Già due volte la mia mano era corsa in tal modo alla coppa e ai piatti colmi di cibi di ogni sorta che si trovavano sulla tavola; la terza volta però, quando ebbi finito di mangiare, una nebbia di sonno prese a fluttuare su di me, uno stordimento voluttuoso in cui pian piano mi sentii sprofondare come in morbida lana appena cardata. Quella luce così intensa, sulla quale avevo contato per tenermi sveglio, adesso mi abbagliava a tal punto da costringermi a chiudere gli occhi. E chiusi gli occhi, dicendo a me stesso che questo non significava ancora dormire; ma subito li riaprii spaventato, perché mi accorsi che il sonno stava per soggiogarmi.

Con uno sforzo mi volsi a guardar fuori e per un attimo vidi balenare la bianca figura del mio ospite. Mi fece il solito cenno, cui questa volta non fui in grado di rispondere, eppure mi parve che la sua vista fosse riuscita a strapparmi al nebuloso torpore del quale ero preda. Ma mi ingannavo. Ziusudra era appena scomparso che di nuovo dovetti chiudere gli occhi, di nuovo mi sentii sprofondare in uno strato di lana infinitamente soffice, infinitamente profondo, dolce al mio cuore come le braccia di Siduri quando si stringevano intorno a me sul letto di giunchi, e solo per un istante mi abbandonai alla sua carezza: per uno di quei brevi istanti perfetti che la vita può offrire, nei quali all'uomo è dato di assaporare la beatitudine degli dèi.

XIII

Credevo davvero che fosse trascorso un istante, il tempo di un respiro o di un battito di ciglia, quando riaprii gli occhi e vidi Ziusudra seduto davanti a me. Aveva posato una mano sul mio braccio, teneva in grembo una cesta colma di pani, e nel suo sguardo guizzava quella stessa scintilla beffarda che già una volta mi era sembrato di scorgervi.

«Mi ero appena addormentato» gli dissi riemergendo di colpo dal sopore, «che subito mi hai svegliato posando la mano sul mio braccio.»

Ma il Lontano sorrise. «Conta i pani nella cesta e saprai quanti giorni hai dormito, poiché ogni giorno ne ho infornato uno per te. Non vedi? Il primo è duro come pietra, il secondo come cuoio: toccali tu stesso, se ne dubiti. Il terzo, il quarto e il quinto sono più morbidi, ma la crosta è intaccata dalla muffa; solo il sesto è quasi fresco, quello di ieri, mentre il settimo cuoce ancora sulla brace. Più tardi andrò a prenderlo, perché tu possa vederlo con i tuoi occhi.»

Sconcertato contai i pani, li esaminai, li tastai, e vidi che tutto era come aveva detto il vecchio. Allora un pianto amaro mi offuscò lo sguardo, e a lungo restai in silenzio, scosso dai singhiozzi, mentre il volto del mio ospite ondeggiava confuso davanti a me.

«E adesso che farò, Ziusudra?» dissi infine tra le lacrime. «Dove andrò se il demone mi insegue, se ovunque io posi il piede trovo la morte ad attendermi?»

«Rassegnati» rispose Ziusudra, «e non adirarti né con me, né con te stesso. Solo se tu non fossi soggetto alla morte perpetua, solo allora saresti potuto sfuggire a quella breve e vegliare davvero, come ti illudevi, per sei giorni e sei notti. Ma a te, amico mio, una vita che duri in eterno non fu destinata. La sovranità, quella ti fu destinata: essere luce e tenebra agli altri uomini, esercitare con giustizia il tuo ufficio di pastore. Non tocca forse a te conoscere l'orfano e la vedova, non tocca a te proteggere il povero dalla rapacità del ricco e stabilire pesi e misure secondo un criterio immutabile? Volgi dunque il pensiero al vivente, come feci io, e torna alla tua città che abbandonasti nel lutto. Sì, Gilgamesh: tu non vuoi ricordare il tuo nome, ma altri lo ricordano, e devono invocarlo ogni giorno versando agli dèi inutili libagioni.»

«Quel nome» replicai, «è la metà di una parola. Che l'altra metà mi sia restituita, e acconsentirò a pronunciarlo di nuovo.»

«È la collera, non il dolore, a parlare ora dalle tue labbra. Rimani qui, se preferisci: conta e riconta i pani che ho messo nella cesta finché non saranno neri di muffa e consumati dai vermi; pensa alla tua vita breve come un soffio di vento e alla casa di polvere dove presto o tardi dovrai scendere. Così feci anch'io, prima di costruire la nave. Ma quando ti sarai stancato di contare i pani e di piangere sul tuo effimero possesso, vieni da me: immergerò in un lavacro questo corpo coperto di sporcizia, getterò via questi stracci che guastano la grazia delle tue membra, ti restituirò l'aspetto di un uomo.»

E posata la cesta sulla tavola Ziusudra se ne andò, lasciandomi a osservare tra le lacrime il lento imputridire dei pani.

XIV

Così rimasi a lungo, tra le bianche pareti di quella stanza, senza più toccare cibo né accostare il bicchiere alle labbra, e neppure una volta vidi il mio ospite affacciarsi dal cortile per rivolgermi un cenno. Ma quando i pani furono neri di muffa, asciugai le lacrime e andai in cerca di Ziusudra.

Lo trovai seduto all'aperto, intento a passare pigramente le dita nella fulva criniera di un leone. Mi avvicinai a lui senza dir nulla, e anch'egli mantenne il silenzio, tuttavia mi sorrise; quindi mi condusse al lavacro e rimase a osservarmi mentre io gettavo a terra gli stracci che mi cingevano i fianchi, mi immergevo nell'acqua per tergere il mio corpo dalla sporcizia, spartivo i lunghi capelli bianchi e mi ravviavo la barba facendola ricadere a raggiera sul petto.

Quando infine uscii dal bagno Ziusudra mi diede vesti pulite, non meno belle e sontuose di quelle che avevo lasciato nel mio palazzo, poi mi avvolse intorno alla fronte l'alta benda regale e mi guardò con l'aria compiaciuta di un artefice dinanzi all'opera appena terminata. Io intanto, quasi stupito nel sentire di nuovo intorno alle membra una delicata prigione di stoffa, muovevo cautamente le braccia accennando per prova quei gesti ampi e solenni che si convengono a un re.

«Ti ho donato vesti che non invecchiano» disse il

Lontano: «nuove e pulite come ora le vedi ti accompagneranno sino alla tua meta».

A tali parole non potei trattenere il riso. «Per questo dunque avrei affrontato un viaggio così terribile? Per seguitare a invecchiare indossando vesti che non invecchiano? Il tuo dono è una beffa, Ziusudra.»

«Aspetta» replicò lui, «prima di prendere congedo da te voglio darti ancora qualcosa: voglio rivelarti un segreto, non tanto grande, certo, quanto quello che tentavi follemente di carpire, ma pur sempre un mistero degli dèi, da cui forse potrai trarre consolazione.»

«Quale segreto?»

«Devi sapere che sul fondo dell'oceano, a poche leghe da quest'isola, cresce una pianta dai lunghi steli fluttuanti, irta di spine come un rovo o una rosa. Ti ferirà le mani, se tenterai di coglierla, e qualche goccia del tuo sangue andrà a mescolarsi con l'acqua salmastra; ma credimi, è un sacrificio da poco, poiché si tratta di una pianta prodigiosa capace di restituire a chi l'assaggi la giovinezza perduta.»

«Per questo dunque avrei attraversato il buio orrore della montagna, avrei varcato l'oceano su una barca oscillante, avrei sfidato le acque della morte? Perché i miei capelli incanutissero precocemente e poi tornassero neri grazie alla tua erba prodigiosa? Ma ti ringrazio, Ziusudra, e farò come dici, andandomene coglierò quella pianta: vi sono molti vecchi nella mia città, che esulteranno a un simile dono.»

Detto ciò seguii il Lontano nella stanza dove mi aveva condotto al mio arrivo e divisi ancora una volta con lui il ristoro del cibo e delle bevande. Quindi scendemmo alla spiaggia, e scrutando con gli occhi socchiusi l'immensa, abbacinante superficie che si stendeva davanti a noi Ziusudra mi indicò il punto in cui mi sarei dovuto calare in acqua per strappare dal fondo l'erba prodigiosa della giovinezza.

«Farò come dici» ripetei, ma il cuore mi si stringeva al pensiero che presto avrei abbandonato quell'isola eternamente immersa nella luce radiosa del meriggio per tornare qui, nelle terre abitate dai mortali, dove le ombre si allungano e si accorciano, il giorno si muta in notte e ogni cosa trapassa senza tregua nel proprio contrario.

«Ti ringrazio davvero, Ziusudra, del dono che hai voluto farmi» dissi avvolgendo il suo fragile corpo in un abbraccio d'addio. «Sono un uomo, e al mondo degli uomini devo tornare, ma mi sarà di consolazione poter portare con me almeno questi segni, queste pallide immagini d'eternità.»

«Altro non posso offrirti» rispose Ziusudra ricambiando il mio abbraccio. «Sappi però che la via ti sarà agevole: le acque della morte non ti tenderanno le loro insidie, le montagne si apriranno davanti a te, perché sei un uomo, e torni al mondo degli uomini.»

Poi ci separammo e io spinsi in mare la barca, senza più volgermi a guardare la bianca figura che avevo lasciato sulla striscia scintillante dell'arenile.

XV

Appena vi salii, continuò il re, sentii che la barca scivolava più leggera sulle acque dell'oceano, e compresi che questa volta mio fratello non era con me, che non mi avrebbe accompagnato nel mio ritorno tra gli uomini. L'avevo perduto, io stesso non saprei stabilire in quale momento: forse quando avevo chiuso gli occhi cedendo alla carezza del sonno e avevo rinunciato a combattere per quella gracile, estrema speranza che ancora ci univa; allora, forse, la sua ombra si era allontanata da me, era scesa per sempre alla dimora di polvere dove un giorno anch'io l'avrei raggiunta. Così pensavo mentre percorrevo la lucente distesa dell'oceano, e nulla mi fu mai tanto grave quanto la levità di quella barca che scivolava veloce sulle onde portando soltanto il mio peso.

Ma la mia rotta era tracciata, e dovevo seguirla. Fendendo l'acqua a colpi di remi mi diressi dunque verso il mare aperto e mi fermai nel punto che Ziusudra aveva indicato. Quando mi tuffai scoprii che proprio in quel punto scorreva un rivolo d'acqua dolce, e poco lontano cresceva una pianta i cui lunghi steli spinosi fluttuavano adagio lambiti dalla corrente. L'afferrai, sebbene le spine mi pungessero le mani; le sue radici si tenevano caparbiamente aggrappate al fondo sabbioso, ma io continuai a tirare con forza finché riuscii a coglierla. Poi risalii a bordo, dove restai a osservare le rosse gocce del mio sangue che sfumavano a poco a poco in quell'acqua cristallina.

Non si erano ancora dissolte del tutto che la corrente si impossessò della barca, trascinandola sempre più al largo. Dietro di me, la sagoma dell'isola rimpicciolì con sorprendente rapidità, sicché ben presto non potei più scorgerne i lidi e i promontori boscosi, e dopo qualche istante era solo un tenue nastro verde che sbiadiva nell'azzurro del cielo.

Aveva ragione Ziusudra a dire che la via del ritorno mi sarebbe stata agevole: non ebbi più bisogno di impugnare un remo, e se anche attraversai di nuovo le acque della morte non me ne accorsi, sospinto com'ero da quel sottile, tenace rivolo d'acqua dolce che mi conduceva verso le terre degli uomini. Correva diritto, disegnando nel mare una sorta di sentiero, ed era più limpido e chiaro dell'acqua che lo circondava. E quando infine raggiunsi la costa, non dovetti neppure affrontare le fatiche dell'approdo: fu quella corrente gentile, forse proveniente da un fiume del paradiso, a sollevare lo scafo e a deporlo delicatamente sulla riva. Poi si ritirò, come uno schiavo discreto che abbia finito di prestare i suoi servigi, e volgendomi indietro non ne scorsi più la minima traccia sulla superficie uniforme del mare.

Scesi dalla barca e mi guardai intorno: lungo la costa non si dispiegava il giardino degli dèi luccicante d'argento e di lapislazzuli, né si ergeva la massa rocciosa della montagna. Non so dire se si fosse davvero aperta davanti a me secondo la profezia del Lontano, o se quel rivolo premuroso mi avesse fatto approdare altrove per risparmiarmi di attraversare di nuovo le sue tenebre. Comunque sia, mi trovai in una regione di verdi colline che si susseguivano sin dove giungeva lo sguardo, inoltrandosi nella terra degli uomini, ed erano così ricche d'acqua che quasi a ogni passo mi imbattevo in una fonte o udivo provenire dal folto dei cespugli la voce scrosciante di un ruscello.

Per molte leghe camminai seguendo i miti pendii, portando con cautela la pianta prodigiosa che avevo strappato al fondo dell'oceano. Era un cammino solitario, durante il quale dapprima non incontrai nessuno salvo qualche animale selvatico di cui a stento potevo indovinare la specie, tanto velocemente fuggiva a rintanarsi tra la vegetazione al rumore dei miei passi. Più tardi però cominciai a incrociare talvolta un viandante o un cacciatore spinto a vagare sulle colline dal desiderio di preda: osservavano con meraviglia le mie vesti di sovrano, che su quei sentieri polverosi risplendevano nuove e pulite come se le avessi appena indossate prendendole dalle mani delle cucitrici, e lanciavano alla pianta occhiate talmente curiose da indurmi ben presto a nasconderla sotto il mantello.

Così percorsi molte leghe, procedendo sempre più verso le zone abitate, ma mi sentivo stanco, l'alta benda regale che mi cingeva la fronte era ormai intrisa di sudore, e una sete profonda mi ardeva nella gola. Perciò quando mi imbattei in una sorgente che schiudeva tra gli arbusti il suo limpido specchio mi fermai e ne bevvi a lungo l'acqua freschissima, finché la mia sete si spense. Poi, attratto dal refrigerio che quell'acqua mi prometteva, tolsi veste e mantello, li sistemai sotto la fitta chioma di un cespuglio e accanto a essi lasciai la pianta della giovinezza, in modo che chi passava sul sentiero, se mai qualcuno vi fosse passato, non potesse scorgerne i lunghi steli spinosi.

Scesi dunque senza alcun timore a bagnarmi nella fonte, ma mi ero appena immerso che dai suoi recessi sbucò un serpente, un verde serpente dalla testa aguzza: prima che riuscissi a capacitarmi di quanto vedevo strisciò rapido verso la pianta e la ghermì, avvolgendola tra le spire sinuose. Subito, mentre io assistevo attonito, il serpente si spogliò della vecchia pelle con la stessa facilità con cui ci si sfila una veste, e ringiovanito tornò a tuffarsi nella fonte trascinandosi appresso il dono miracoloso di Ziusudra.

Invano cercai di agguantarlo: ormai era scomparso, e con lui il segreto della giovinezza, e mi figurai che attraverso i meandri sotterranei, attraverso i fiumi e i ruscelli che scorrevano così abbondanti nella regione, il serpente avrebbe riportato la pianta sino all'oceano dove quel sottile, tenace rivolo d'acqua dolce se ne sarebbe impadronito per restituirla al luogo cui l'avevo strappata, in fondo al mare, presso l'isola del paradiso.

Risi di nuovo, come dinanzi a Ziusudra, ma anche questa volta fu un riso senza allegria. Se non avevo potuto conquistare l'immortalità, di essa mi era stato dato almeno un segno, una pallida immagine: ora avevo perduto anche quella, e a lungo mi aggirai sconsolato intorno alla fonte osservando nell'acqua il riflesso dei miei capelli bianchi, della mia barba canuta. Infine però mi riscossi e proseguii il cammino.

Così, caro amico, si conclude la mia storia; qui, sulle rive di questo stagno, termina il viaggio folle e avventuroso che compii invano sino agli estremi confini del mondo.

XVI

Il re tacque, e per qualche istante il pastore tenne le palpebre abbassate mentre ancora andava immaginando quegli ignoti paesaggi dell'eternità: il giardino degli dèi luccicante di gemme, le acque quiete e insidiose della morte, l'isola del paradiso con i suoi bianchi arenili; poi aprì gli occhi, e quasi si stupì di trovarsi in riva allo stagno, tra le sue pecore che brucavano assorte l'erba del prato. Il racconto del re lo aveva avvinto a tal punto che le ore erano trascorse inavvertite: già il sole calava a occidente dietro i canneti, tingendo il cielo di una sontuosa luce purpurea.

Più volte, durante quella lunga narrazione, aveva colto un tremito nella voce del sovrano, ma quando lo guardò vide che il suo ciglio era asciutto.

«E ora che farai?» domandò.

«Il mio nome» rispose il re dopo un breve silenzio, «è Gilgamesh, e per due terzi sono di stirpe divina, ma per un terzo uomo. Non posso dunque vincere né la morte breve né la morte perpetua, e una vita che duri in eterno non mi fu destinata. Mi fu destinata invece la sovranità: essere luce e tenebra agli altri uomini, esercitare con giustizia il mio ufficio di pastore. Perciò farò ritorno alla città di Uruk, che un giorno abbandonai nel lutto. Conoscerò l'orfano e la vedova, proteggerò il povero dalla rapacità del ricco, e comanderò agli scribi di incidere sulla pietra la storia non delle mie vittorie, ma della mia grande sconfitta, perché sia tramandata alle generazioni più remote. Così seguiterò a regnare finché il mio nome andrà ad aggiungersi all'elenco immenso dei morti, finché il mio corpo si muterà di nuovo in argilla e la mia ombra scenderà nella casa di polvere dove potrà ritrovare quella di Enkidu. Se però, nel tempo che mi è ancora concesso su questa terra, dovessero addensarsi di nuovo le nubi minacciose del diluvio, farò come fece Ziusudra, colui che chiamano il Lontano: volgerò il pensiero al vivente, custodirò la speranza del mondo nel fragile scafo della mia nave.»

Il pastore ascoltò queste parole comprendendole soltanto a metà, ma se ne sentì stranamente turbato, come da tutta la vicenda che aveva udito dalle stanche labbra di Gilgamesh, e il nome di quella città, Uruk, la cui fama era giunta sino a lui attraverso le descrizioni dei viaggiatori, gli accese nel cuore un desiderio nuovo.

«Portami con te» disse giungendo le mani al petto. «Affiderò le pecore a mio fratello, che abita oltre lo stagno in una casa di canne, e ti seguirò fino a Uruk: da che sono al mondo non ho mai visto una città.»

Gilgamesh acconsentì di buon grado. Trascorse la notte nella capanna del pastore, su un morbido giaciglio che questi gli preparò raccogliendo tutta la paglia di cui disponeva. Nel sonno si rigirava inquieto, e il pastore pensò che stesse sognando; ma all'alba, quando i primi raggi lo ridestarono, senza dir nulla il re si alzò dal paglericcio e si vestì tranquillamente disponendosi a partire.

Il pastore affidò dunque le sue pecore al fratello e seguì attraverso la campagna quell'alta figura che adesso non vacillava più, ma procedeva a passo fermo e risoluto tenendo il capo eretto sotto la benda regale. Percorsero sentieri angusti e acquitrinosi dove il piede affondava nel terreno, dove sciami di insetti li avvolgevano come nubi ronzanti e uccelli dalle zampe sottili fuggivano levandosi in volo al loro passaggio; poi, superati i canneti e le paludi, attraversarono quei primi lembi di terra coltivata i cui abitanti ricordavano ancora con sgomento il folle vestito di stracci che aveva portato la devastazione nei campi, divelto le trappole, abbattuto i recinti del bestiame. Nessuno però lo riconobbe nel nobile, grave personaggio che ora incedeva al centro del sentiero e rispondeva con un cenno affabile a quanti lo salutavano.

Camminarono per giorni, movendo verso occidente su sentieri sempre più ampi e poi su strade dove correvano i carri e gli asini avanzavano adagio sotto il peso della soma, strade tenute con cura, affollate di viandanti, che già facevano presagire l'animazione dei vicoli cittadini. Per sei giorni camminarono, seguendo l'ardente tragitto del sole. Ma infine, la sera del settimo giorno, dalla cima di un'altura Gilgamesh indicò al pastore un erto bastione che rosseggiava superbo nella luce del tramonto.

«Vedi quelle forti mura di mattoni, quelle mura esposte ai venti che io stesso innalzai su fondamenta antichissime? Di ciò che racchiudono, un terzo sono case, un terzo è giardino, un terzo il recinto sacro con la reggia e il tempio della dea Inanna, e tutto questo è Uruk, la mia città.»

Così disse Gilgamesh, e a passi lenti prese a discendere il pendio, mentre il pastore lo seguiva fissando su quella rossa muraglia uno sguardo meravigliato.

Indice

V 70071972
QUALCOSA
NELLA NOTTE
1a Edizione SIS
PAOLA
CAPRIOLO
MONDADORI
EDITORE

«Qualcosa nella notte»
di Paola Capriolo
Collezione Scrittori italiani e stranieri

Arnoldo Mondadori Editore S.p.A.

Questo volume è stato impresso nel mese di settembre dell'anno 2003
presso Mondadori Printing S.p.A.
Stabilimento Nuova Stampa Mondadori - Cles (TN)

Stampato in Italia - Printed in Italy